REVUE DES DEUX MONDES

Sommaire MAI-JUIN 2024

CHANEL

31
MAI
1
2
JUIN
JARDIN
ALBERT 1ER
10H-19H
FESTIVAL DU
LIVRE
DE
NICE
Le Courage
ENTRÉE LIBRE
#ILove
NICE
VILLE DE NICE
GROUPE
nice-matin
Le Point
REVUE DES
DEUX MONDES
Nice-Presse
ma ville, mon journal
L'école du journalisme
HÔTEL BEAU RIVAGE

Études, reportages, réflexions

Critiques

Éditorial

Des dommages de l'ignorance

« L'ignorance, ce fléau public auquel la société doit la plus grande partie des maux qu'elle souffre. *[...]*, pire que la peste, c'est un véritable crime. *[...]* Donc, guerre sans trêve à l'ignorance. » Le *Grand Dictionnaire universel* de Pierre Larousse, au XIXe siècle, s'exprime sans détour : l'ignorance est une calamité, un mal puissant et redoutable qu'il faut combattre. Depuis les premiers philosophes grecs, des poètes et des écrivains nous mettent en garde : pour Bossuet, c'est la plus dangereuse maladie de l'âme ; pour Victor Hugo, il n'y a pas de liberté possible sans connaissance ; pour Milan Kundera, « l'homme est tenu de savoir. L'homme est responsable de son ignorance. L'ignorance est une faute ».

L'histoire et la culture sont des remparts contre la barbarie et l'obscurantisme. Les régimes totalitaires l'ont bien compris, eux qui cherchent à détruire toute forme de transmission orale ou écrite. Les tyrans effacent les traces et les témoignages afin de mieux travestir la vérité. Ils orchestrent la propagande, diffusent de fausses informations, créent le doute afin de déstabiliser les esprits. Ces méthodes existent depuis toujours. Au VIe siècle avant J.-C., le général chinois Sun Tzu expose les techniques de la rumeur dans son *Art de la guerre* : en faisant « courir des bruits tendancieux et des faux avis », le soupçon remplace la confiance, et les plus fidèles serviteurs peuvent en souffrir les effets. Il existe une attitude plus grave encore que ces manipulations idéologiques organisées par une autorité supérieure : l'aveuglement volontaire. Il ne s'agit plus ici d'une personne ou d'un pouvoir qui transformerait le réel pour imposer sa vision des choses, mais de notre propre conscience. Nous refusons de voir et de connaître pour ne pas être confrontés à ce qui nous heurte ou à ce qui nous dérange.

Cette cécité laisse place aux impostures, aux mensonges et aux passions tristes. « Je ne savais pas » : cette phrase est souvent brandie comme une excuse. Si l'affirmation peut être sincère, elle est généralement synonyme de lâcheté ou de malhonnêteté.

L'histoire des juifs est méconnue par le plus grand nombre. À l'école, elle est presque absente des manuels scolaires. Quand elle apparaît, elle est réduite à quatre épisodes : les Hébreux au temps d'Abraham et de Moïse, l'affaire Dreyfus, la Shoah et la création de l'État d'Israël. Lorsqu'il est question du récit national, les programmes officiels négligent des dates importantes : l'expulsion des juifs de notre territoire en 1394 est ainsi passée sous silence ; leur émancipation débattue à l'Assemblée constituante et signée en 1791 est omise ; le décret Crémieux du 24 octobre 1870 qui accorde la citoyenneté française aux juifs d'Algérie n'est guère évoqué ; quant à la loi du 3 octobre 1940 sur le statut des juifs, on la trouve résumée en une ligne. Beaucoup d'autres événements tragiques ou heureux sont tus. Or notre histoire ne peut s'écrire en faisant l'impasse sur les juifs. L'identité française s'est construite avec eux (1). Notre civilisation s'est enrichie par la présence de grands personnages qui se définissent comme juifs : citons, sur le plan intellectuel, Rachi, Raymond Aron, Marc Bloch, Emmanuel Levinas ; sur le plan politique, Pierre Mendès France, Léon Blum, Simone Veil ; sur le plan littéraire, Marcel Proust, Romain Gary, Georges Perec ; sur le plan artistique, Sarah Bernhardt, Barbara... Après la Seconde Guerre mondiale, les médecins juifs furent pionniers dans le domaine de la génétique. Perrine Simon-Nahum le montre dans notre numéro. À la différence des idées chrétiennes qui sacralisent la vie biologique, la tradition juive offre une vision non dogmatique de l'existence. Leurs savants bravent les tabous qui freinent le progrès scientifique. Ils jouent un rôle fondamental dans la conception et le contrôle des naissances, permettant à chacune et à chacun de choisir. Leurs recherches révolutionnent les mentalités. La ministre Simone Veil a défendu pendant trois jours et trois nuits son projet de loi sur l'interruption volontaire de grossesse. Il est adopté à 3 heures du matin le 29 novembre 1974. C'est dire l'importance des juifs dans notre histoire nationale.

L'archéologie elle-même en apporte des preuves : en 1967, une lampe à décor de chandelier datée du Ier siècle avant J.-C. a été trouvée à Orgon dans les Bouches-du-Rhône. En 2009, un sarcophage du IIIe siècle portant l'inscription *Pompeia Iudea* (Pompée la juive) est découvert à Arles. D'autres vestiges ont été exhumés comme des bagues, des sceaux, des stèles funéraires, des bains rituels, des graffitis... Ces indices viennent combler des vides documentaires.

Jusqu'au milieu du XXe siècle, le sort des juifs dépend de décisions honteuses ou magnanimes : ils sont bannis du royaume puis réintégrés, interdits à nouveau puis réhabilités. Malgré ces vicissitudes, leur amour pour la France persiste. Pendant les guerres de 1870, 1914-1918, 1939-1945, de nombreux juifs prennent les armes et se battent. Leurs morts au champ d'honneur se comptent par milliers. Beaucoup sont décorés pour leur bravoure. Parmi les héros de la Résistance, rappelons Jean Zay, Victor Basch, Georges Mandel, assassinés tous les trois.

« Les juifs vivent en France depuis plus de deux mille ans ! Cet attachement profond qui nous lie tient à la dimension humaniste et universelle de leur message commun. Le triptyque républicain se retrouve parfaitement dans le cœur d'un judaïsme épris de liberté, d'égalité, de fraternité », rappelle le grand rabbin Haïm Korsia.

L'histoire juive appartient à celle de la France, ne l'oublions pas.

Aurélie Julia

1. À lire, *Histoire juive de la France*, sous la direction de Sylvie Anne Goldberg, Albin Michel, 2023, et *Les Juifs, une tache aveugle dans le récit national* sous la direction de Paul Salmona et Claire Soussen, Albin Michel, 2021.

ON LEUR DOIT BEAUCOUP ET À L'INVERSE...

DOSSIER

LES JUIFS EN FRANCE, L'HISTOIRE OUBLIÉE

GILLES-WILLIAM GOLDNADEL

« La France est un pays judéo-chrétien. Sinon, elle ne serait plus la France... »

propos recueillis par Franz-Olivier Giesbert

À 70 ans, l'avocat et essayiste Gilles-William Goldnadel est toujours sur le pont où il combat sans relâche, dans ses chroniques au *Figaro* et dans *L'Heure des pros* de Pascal Praud (CNews), ses ennemis de toujours : l'antisémitisme, l'antisionisme, mais aussi la désinformation, la bien-pensance, les dérives de la classe médiatique, notamment à propos d'Israël. Évoquant ses deux patries, la France où il vit et Israël où il se rend souvent, cet homme blessé nous dit ici ses doutes, ses espoirs.

Revue des Deux Mondes – Votre dernier livre, *Journal de guerre*, écrit dans la foulée du pogrom géant du 7 octobre dernier perpétré par le Hamas, a été un grand succès d'édition. Vous y attendiez-vous ?

Gilles-William Goldnadel Certes, je ne suis pas insensible aux honneurs et ne souffre pas d'un déficit particulier de narcissisme. Mais je n'avais pas du tout l'intention d'écrire un livre à succès sur cet événement dramatique. J'ai simplement laissé aller ma plume, sans filtre, pour « gueuler la vérité », comme disait Charles Péguy, et dire ce que j'avais sur le cœur, mes obsessions, mes états d'âme. Je ne m'attendais pas à ce que mon *Journal de guerre* reçoive un tel accueil.

Cela ne devrait-il pas vous rassurer sur l'état d'esprit du pays ?

Le succès du livre, qui dépasse de loin le cadre du cercle communautaire, confirme mon postulat : les Israéliens et les Français sont dans le même bateau. Ce qui arrive aux Israéliens risque d'arriver un jour aux Français. Je crois depuis longtemps qu'Israël est infiniment plus détesté comme État-nation occidental que comme État juif, mais l'un n'empêche pas l'autre, au contraire. Le soutien de la population française pour Israël n'a d'égal que l'aversion à son égard d'une grande partie de la classe médiatique. C'est pourquoi je me sens tellement en harmonie avec le peuple français. La France est cependant un pays, j'allais dire une mosaïque, où, selon l'Ifop, 43 % des personnes de la communauté musulmane considèrent que les terroristes du Hamas sont des… résistants. Ces 43 % nous posent un gros problème et ça explique que les autres me lisent.

Pour vous, il y a forcément un « avant » et un « après » 7 octobre. En quoi cet événement vous a-t-il changé ?

J'ai pris dix ans dans la gueule.

Et sur le plan politique ?

Le pogrom m'a conforté dans mon soutien à Israël ou à cette France, qui a été si solidaire, comme il a renforcé mon aversion de l'immigration illégale ou de la tentation de la soumission que je ressens chez tant de personnes aujourd'hui. Cela dit, j'ai ressenti aussi une grande humiliation.

Pourquoi une humiliation ?

Parce que, chez moi, à Gournay-en-Bray, en Normandie, je m'étais construit de manière un peu onirique. Comprenez que jusqu'à la guerre des Six-Jours, en 1967, les juifs français ne criaient pas sur les toits qu'ils étaient juifs. Quand on l'interrogeait sur ses origines, feu ma grand-mère juive maternelle disait qu'elle était alsacienne, c'est dire si on ne s'en vantait pas. Une fois, alors qu'on attendait ma mère à la gare de Gournay-Ferrières, je me souviens que mon père m'avait dit : « William, il faut que tu sois encore plus gentil que les autres. » « Et pourquoi ça, papa ? », demandai-je. « Parce que tu es juif », répondit-il.

Gilles-William Goldnadel est avocat, essayiste, contributeur et intervenant dans de nombreux médias. Dernier ouvrage publié : *Journal de guerre. C'est l'Occident qu'on assassine* (Fayard, 2024).

Et ça ne m'avait pas du tout plu. Il y avait chez cet homme brillant, intelligent, courageux, une sorte de complexe que 1967 effaça chez beaucoup de juifs français : la victoire de Tsahal leur redonna de la fierté, ils s'en glorifièrent. Comme on leur reprochait souvent d'avoir été veules et de ne pas avoir su se défendre pendant l'Occupation, il était bien normal qu'à cette occasion ils redressent tous un peu la tête. Je ne dirai pas que je l'ai baissée le 7 octobre, mais bon, j'ai éprouvé un sentiment de fragilité pour les miens qui étaient restés en Israël.

Le pogrom n'a-t-il pas été le départ de feu d'un antisémitisme assumé en Occident ?

Observez ce qui se passe dans les universités ou dans l'extrême gauche françaises : le problème, c'est d'abord le Blanc. Si nos prétendues néoféministes ne plaignent pas les Israéliennes violées, ce n'est pas parce qu'elles sont juives, mais parce que leurs agresseurs sexuels n'étaient pas ces mâles blancs dont vient tout le mal. Dès lors qu'ils sont Palestiniens, leurs bourreaux ne sont plus détestables.

Mais, attention, je ne nie pas pour autant la flambée de l'antisémitisme. Quand elle n'est pas d'origine islamiste, elle est alimentée par celui que j'appelle le philosémite déçu. Celui-là aime le juif dès lors qu'il est en pyjama rayé, derrière des barbelés. Une figure qu'ont idéalisée de manière pathologique des personnages comme Edwy Plenel, porte-flambeau médiatique de l'ultragauche. Quand il ne se défend pas ou qu'il est mort, le juif est sublime. S'il devient israélien, revêt un uniforme kaki et rend les coups, alors il est haïssable. C'est Judas, de retour en Galilée, et vous savez ce qui reste à en faire…

Au début de votre *Journal de guerre*, vous dites que vous vous sentez comme le déporté dans le pyjama rayé que vous auriez sorti de l'armoire. L'avez-vous rangé ?

Je l'ai rangé dès le 9 octobre. Dès qu'Israël s'est ressaisi…

Si on observe le déluge antisémite qui s'est déversé sur le monde, ne peut-on pas dire que les choses se sont quand même mieux passées en France qu'en Grande-Bretagne ou aux États-Unis, que notre pays a finalement mieux résisté ?

Aux États-Unis, la dimension wokiste est essentielle pour comprendre ce qui s'est passé : l'Israélien est d'abord perçu comme un Blanc. D'une certaine façon, comme Derek Chauvin tuant George Floyd. C'est au demeurant ce que pensent de nombreux Blancs américains, à commencer par les étudiants, même s'il y a, bien sûr, de l'antisémitisme dans les universités outre-Atlantique. En Grande-Bretagne, c'est différent, les choses sont plus claires: le multiculturalisme a engendré un nouvel antisémitisme.

Comment définissez-vous ce nouvel antisémitisme ?

Quand le juif ne disposait pas d'un État, il était considéré comme un métèque veule et apatride. Un *Untermensch*, comme disaient les nazis, c'est-à-dire un « sous-homme », un « être inférieur ». Telle était la cause principale de sa détestation par l'extrême droite. Comme je l'ai écrit dans *Le Nouveau Bréviaire de la haine* (1), l'antisémitisme est un virus très intelligent. Il mute. L'antisémitisme dit aux juifs: « Dis-moi comment tu es, je te dirai comment je te hais. » Quand, dans la seconde moitié du XXe siècle, le juif a créé son État et s'est défendu militairement, il est apparu de plus en plus comme un nationaliste belliqueux et, pire encore, comme un super-Blanc. Le stéréotype a été inversé. C'est, en un sens, le drame des juifs d'aujourd'hui. Ils sont honnis pour une raison supplémentaire: leur « blanchitude ». Pour ma part, en tant que juif, j'ai bien conscience de ne pas appartenir à l'ancienne catégorie des « racisés ». J'ai été déchu. Après être tombé de la croix où j'étais crucifié, me voilà remplacé par le Palestinien. En tant que super-Blanc, je fais désormais partie de ce qu'il y a de pire parmi les peuples dominants.

Après le 7 octobre, le Franco-Israélien que vous êtes se sent-il toujours aussi français qu'avant ?

Bien entendu. Mes enfants sont israéliens. Ils ont fait leur alya quand ils avaient 20 ans et mon fils était encore à l'armée il y a peu. C'est ma grande divergence avec Éric Zemmour, qui ne croit pas à la double nationalité, même s'il a évolué ces derniers temps. Je pense qu'on peut aimer deux pays à la fois, deux peuples à la fois, comme on peut parfois aimer aussi deux personnes à la fois. Je préfère d'ailleurs les hommes qui aiment deux femmes plutôt que les hommes qui n'en aiment aucune *[rire]*.

Parlez-nous de la France de votre jeunesse.

C'était à Gournay-en-Bray, un joli bourg normand à 54 km de Rouen, où me parents tenaient un commerce de vêtements sur la place Nationale et où j'étais pratiquement le seul juif. Je vivais heureux parmi les paysans, les agriculteurs, les ouvriers. Mais bon, il ne faut pas oublier que j'avais tué Jésus. Mon camarade Joseph, le fils du minotier, me l'a d'ailleurs reproché un jour ! Construit par la merveilleuse école laïque républicaine, je lui suis, à la fin, très redevable. Ma tante, qui était alors élève à Rouen, avait eu maille à partir avec des antisémites. Elle avait tout de suite été défendue par son école et par Colette Privat, la députée communiste du coin. Tel était le communisme de cette époque, une autre époque *[soupir]*. Alain Finkielkraut évoquait autrefois le juif imaginaire, titre d'un de ses livres. Disons que j'ai été, moi, un juif du réel, dans la France profonde, ce qui m'a permis de comprendre, avant beaucoup d'autres, que l'antisémite avait changé de trottoir : il est passé de la droite à la gauche.

... à l'extrême gauche, devriez-vous dire ! Aujourd'hui, quand il n'est pas d'origine islamiste, l'antisémitisme français n'est-il pas surtout alimenté par la gauche radicale qui fait bloc avec lui ?

N'en déplaise aux bien-pensants, l'islamo-gauchisme est désormais une réalité qui crève les yeux. Il a repris sans vergogne une grande partie de l'arsenal antisémite de l'extrême droite, comme la thématique du juif qui est riche, exerce une « domination financière », comme l'a déclaré un ancien Premier ministre, tient tous les pouvoirs, la presse et tout. À cela s'ajoute l'antisémitisme islamique de vieille tradition, très souvent religieuse, qui a un grand mépris pour le juif et ne souffre pas qu'il ait le toupet de vouloir s'élever au niveau ou, pire, au-dessus du musulman en sortant de sa « dhimmitude », cette condition juridique qui aboutit, pour les communautés juives ou chrétiennes, quand il en reste en terre d'islam, à leur ségrégation pure et simple. Aujourd'hui, les courants islamiste et gauchiste communient, si j'ose dire, dans l'antisémitisme, comme on peut l'observer dans les manifestations à Paris, Londres ou Rome. S'agglomèrent aussi à eux, soit dit en passant, des éléments quasi comiques comme les trans anti-israéliens, qui seraient éliminés si l'islam l'emportait, à Dieu ne plaise, dans nos différents pays. Il y a là une forme de soumission masochiste que les psychanalystes nous expliqueront peut-être un jour !

Vous ne pouvez nier qu'il y a toujours un antisémitisme d'extrême droite en France.

Il est toujours là, bien sûr, et il fait cause commune avec l'islamo-gauchisme, d'autant plus facilement qu'il soutient lui aussi les Palestiniens.

Si l'antisémitisme d'extrême droite est devenu résiduel, c'est qu'il en est resté, dans ses phantasmes, à l'ancien stéréotype, devenu mensonger, du juif veule et apatride. Pour qu'il renaisse, il faudrait que le juif redevienne la caricature d'autrefois.

Ne pensez-vous pas, comme le philosophe Jean-Luc Marion, que les chrétiens et les juifs sont appelés à se rapprocher de plus en plus ?

C'est déjà fait. Pardonnez-moi de prendre mon petit exemple : quand j'étais jeune, à Gournay-en-Bray, entendre le clocher me donnait le bourdon. Je ne supportais pas la présence d'un crucifix dans une pièce. Il est vrai que l'Église en majesté n'était pas très bonne fille avec le petit juif que j'étais. Aujourd'hui, je défends bec et ongles les calvaires qui font partie du paysage français et je soutiens mon client et ami Robert Ménard dans son combat pour les crèches de Noël. Comme tous les juifs, je fais, d'une certaine manière, cause commune avec les chrétiens pour défendre notre cher et vieux pays. La réalité est là. C'est un itinéraire que je n'avais pas prévu...

Le pape François n'est pas sur cette ligne...

Mais François est le premier pape post-chrétien, le contraire de Jean-Paul II. Je ne crois pas que les catholiques français se reconnaissent vraiment en lui. Il est quand même venu à Marseille pour expliquer qu'il n'y a pas suffisamment de déplorations à l'égard des migrants. En revanche, pas un mot pour le peuple français que déstabilise l'immigration à tout-va. Rien ou presque non plus sur le 7 octobre. Il n'a pas soutenu Israël. Il ne défend pas davantage les chrétiens maltraités en France ou, pire encore, persécutés en Orient, quand ils ne sont pas chassés. Il est toujours aux abonnés absents. Il n'ose rien.

Benyamin Netanyahou a beaucoup osé, lui. Le bilan du Premier ministre n'est pourtant pas un succès !

Je n'ai pas attendu d'écrire mon *Journal de guerre* pour être d'une sévérité sans borne, non sur Benyamin Netanyahou lui-même mais sur le système politique israélien, qui est le plus stupide au monde : le mode de scrutin – la proportionnelle intégrale – est une fabrique de crétins et d'escrocs, sous l'égide de petits partis menés par l'esprit de chapelle. À la solde de leur secte, religion, territoires, petits avantages médiocres ; ils servent rarement le bien commun ou l'intérêt général. Quand le Premier ministre israélien est venu en France l'an dernier, je lui ai dit tout le mal que je pensais de sa coalition. Croyez bien qu'il aurait préféré s'allier au centre qui, hélas, ne le voulait pas. Pour garder le pouvoir, il a donc préféré s'allier avec des gens souvent infréquentables, en tous les cas inesthétiques, alors que ce pays a quand même besoin d'avoir une bonne image. C'est une erreur terrible. L'autre erreur dont je parle dans mon livre, c'est l'histoire des territoires. En ce qui me concerne, j'aime mieux un « petit chez moi » qu'un « grand chez les autres » et j'avais applaudi les accords d'Oslo entre Yitzhak Rabin et Yasser Arafat en 1993. Notre drame, c'est que, depuis, chaque fois que les Israéliens ont fait des propositions de compromis territorial, ils n'ont jamais rencontré d'interlocuteur : dans le camp adverse, on n'est pas intéressé par la création d'un 21e État arabe, on veut récupérer l'ensemble de ce qu'on appelle la Palestine arabe et musulmane. Je ne me suis donc pas réjoui des implantations de colons en Cisjordanie : elles rendent plus difficile encore le règlement à venir. La morale de tout cela, c'est que dans cet Occident qui manifeste une dilection pour l'altérité, le journaliste le plus sage fera toujours montre d'un esprit critique d'une rare alacrité, quelquefois justifiée, à l'égard d'Israël, symbole de l'Occident, et de beaucoup de bienveillance, voire d'indulgence, avec peut-être un esprit de supériorité, à l'égard de la coalition arabo-musulmane. J'ai la faiblesse de penser que si l'Occident gauchisant n'avait pas été parfois plus palestinien que les Palestiniens, le règlement territorial nécessaire aurait pu être obtenu depuis longtemps.

Les pays arabes ont quand même une lourde responsabilité dans la situation actuelle au Proche-Orient !

Ils n'ont pas aidé, je vous le concède. Mais, en plus de la partialité de l'ONU, ils ont été encouragés dans leur jusqu'au-boutisme par un Occident très critique. Je ne parle pas seulement des ONG gauchisantes comme Amnesty International, en croisade contre la « suprématie blanche », mais aussi de nos médias.

Dans votre *Journal de guerre* ou dans vos chroniques, vous êtes obsédé par France Inter, *Le Monde*, France Télévisions, *Libération*, etc. Mais enfin, je suis désolé, il y a aussi des médias moins militants contre Israël : *Le Figaro*, *Le Point*, *Les Échos*, CNews, BFM, RTL, Europe 1, RMC, LCI, etc.

Et je m'en félicite ! Il me semble en effet que, dans les médias, le rapport de force a changé – un tout petit peu – dans le sens de l'équité.

Mais il ne faut pas lâcher l'affaire et laisser tranquilles des médias qui sont souvent wokistes ou moutonniers, donc dans la soumission. Dès le lendemain du 7 octobre, j'avais prévu la suite : l'État-ghetto pogromisé serait nazifié dès l'emploi de la force par Israël. Reconnaissez que nous sommes, hélas, en conformité avec le schéma de la presse pavlovienne plenélisée. Vous avez encore des stations dites de service public qui présentent les bulletins du Hamas comme des informations sérieuses, recoupées. Un journaliste de France Inter, qui est propalestinien, mais que je ne considère pas comme malhonnête, a reconnu avec une candeur désarmante qu'à Gaza, ses fixeurs, autrement dit ses guides-interprètes, étaient tenus par le Hamas et qu'il ne voulait pas les mettre en difficulté. Le directeur de Reuters a dit quelque chose de semblable : « Si nos dépêches qualifient de terroristes, et non plus d'activistes, les gens du Hamas, je ne réponds plus de la sécurité de mes correspondants au Proche-Orient. » Dans un camp, vous écrivez vos articles en serrant les fesses, au milieu des terroristes, alors que dans l'autre, à Tel-Aviv, vous les rédigez dans un café branché, peuplé de vos copains intellectuels de gauche. Ça fait une grosse différence !

À propos de soumission, n'en a-t-on pas un bon exemple avec l'attitude d'une grande partie de notre classe politique, à droite comme à gauche, à plat ventre devant le Qatar ?

C'est un sujet qui n'existe pas, ni dans les partis ni dans la presse française, parce que beaucoup, beaucoup sont touchés. Voilà ce que je pense. Tout s'achète. Pas seulement les choses, hélas, mais aussi les gens, les âmes.

Entre vos deux pays, lequel tiendra le mieux, à votre avis ?

Lorsque j'étais président de France-Israël, j'avais une devise : « Quand je défends Israël, je défends la France, et quand je défends la France, je défends Israël. » Je me suis d'abord senti davantage concerné par Israël, à cause de sa fragilité, et ensuite davantage par la France, dont j'aime tant l'urbanité, l'art de vivre. En fait, ça dépendait des jours. Ce n'est pas parce que vous êtes devenu sioniste, ce qui est mon cas, que vous rompez avec votre pays d'origine. Lors d'un congrès sioniste, dans les années trente, le délégué de la Hongrie a décrit l'explosion de l'antisémitisme dans son pays et annoncé qu'il allait faire son alya. Après quoi, il a conclu que cela ne l'empêcherait pas de chérir jusqu'à la fin de ses jours la Hongrie et les Hongrois. Eh bien, vous savez quoi ? Tous les délégués du congrès sioniste se sont levés pour l'applaudir. C'est la preuve que le patriotisme ne se divise pas !

Israël est par définition menacé dans son existence. Diriez-vous, comme d'autres, que la France, aujourd'hui en déclin, le sera aussi à plus ou moins long terme ?

Moi, je suis un combattant. Je refuse donc ça. Mais je ne sais pas s'il est midi moins cinq ou midi cinq, et le combat le plus sacré pour moi, aujourd'hui, est d'arrêter l'immigration, en tout cas de faire une pause, à cause de l'islamisme et, osons le dire, du nombre. La France est un pays judéo-chrétien. Ses racines sont judéo-chrétiennes, pas musulmanes. Sinon, la France ne serait plus la France et il me semblerait plus honnête, en ce cas, de changer son nom.

1. Gilles-William Goldnadel, *Le Nouveau Bréviaire de la haine. Antisémitisme et antisionisme*, Ramsay, 2001.

Archéologie de la présence juive en France

Paul Salmona

« L'établissement des Israélites à Avignon remonte aux temps les plus reculés et ne s'éloigne que très peu de leur dispersion après la prise de Jérusalem ; deux familles existent encore qui tirent leur origine de ces premiers Hébreux » : ainsi les juifs du pape, dans une pétition adressée à Napoléon en 1808, revendiquent une présence qui remonterait à l'Antiquité. S'ils ont conscience de l'ancienneté de leur communauté, rien pour autant, en ce début du XIXe siècle, ne vient attester l'installation de juifs en Provence dès l'Empire romain. Leur vision, en partie donc mythologique, sera pourtant confirmée par la découverte en 1967 à Orgon, dans les Bouches-du-Rhône, d'une lampe à huile à décor de chandelier à sept branches, datée du Ier siècle avant notre ère, témoignant, sinon d'une installation pérenne, à tout le moins du passage d'un voyageur juif dans cette province de Narbonnaise, romanisée dès 121 avant notre ère.

Un semis de vestiges antiques

Cette découverte complète de rares vestiges mis au jour depuis le XIXe siècle : une bague au nom d'Esther ornée de deux chandeliers, trouvée à Bordeaux ; une matrice de sceau, décorée elle aussi d'un chandelier simplifié, conservée au musée Calvet d'Avignon ; une lampe à décor de chandelier, datée du IIIe siècle, trouvée en 1963 à Vénéjan, près de

Bagnols-sur-Cèze… Ces maigres indices corroborent néanmoins des sources plus tardives évoquant la présence de juifs dans la Gaule romanisée : ainsi un concile tenu à Vannes entre 462 et 468 interdit la commensalité entre juifs et chrétiens, et Grégoire de Tours, au VIe siècle, rapporte que saint Martin avait puni un juif qui doutait des miracles dont sa basilique bordelaise était le théâtre. De même, la *Vie* de l'évêque Césaire d'Arles rapporte que de nombreux juifs suivirent ses obsèques en 542.

C'est dans cette ville que, en 2009, au cours d'un chantier de travaux publics, le godet d'une pelle mécanique bute sur un grand bloc calcaire qui va susciter l'intervention des archéologues. Cette découverte fortuite révèle un sarcophage à deux alvéoles, comportant un cartouche gravé aux noms de Pompeia Iudea et Cossutius Eutycles. Si le nom de Pompeia (« Pompée ») est fréquent, en revanche le *cognomen* Iudea, signifiant « la juive », n'a pas d'équivalent en Narbonnaise. Datable stylistiquement du IIIe siècle de notre ère, le sarcophage est désormais la plus ancienne trace épigraphique juive sur le territoire de la France actuelle. Cette découverte arlésienne constitue une avancée majeure pour la connaissance de la présence juive dans l'ouest de l'Empire romain. En effet, la dissémination des juifs est avérée en Italie – où l'on a notamment découvert en 1961 une synagogue antique à Ostie –, mais demeurait encore conjecturale au IIIe siècle pour le territoire français. Quoi qu'il en soit, cette Pompeia arlésienne est aujourd'hui « la première juive » de l'histoire de notre pays.

Ce monument est le chaînon manquant entre la lampe d'Orgon et deux inscriptions latines plus tardives, trouvées au XIXe siècle. Le Musée d'art et d'histoire du judaïsme (mahJ) conserve en effet une inscription lapidaire, découverte en 1873 près d'Auch dans le Gers, datable des Ve-VIIe siècles ; elle s'achève par le mot *shalom* (« paix », en hébreu), ainsi que trois symboles, chandelier, branche de saule et corne de bélier, courants à Rome dans les catacombes juives. Découverte en 1846 à Narbonne, la stèle de Matrona, Dulciorella et Justus comporte une longue inscription latine, précédée d'un chandelier à cinq branches et se concluant par la formule « Paix sur Israël » en hébreu. En 1889, Théodore Reinach la traduit : « Ici reposent en paix les trois enfants d'heureuse mémoire du seigneur Paragorus, fils du défunt seigneur Sapaudus, à savoir Justus, Matrona et Dulciorella, qui ont vécu Justus trente ans, Matrona vingt ans et Dulciorella neuf ans. Paix sur Israël ! Ils sont décédés la deuxième année du seigneur Egicanus, roi. » La référence

Paul Salmona est directeur du Musée d'art et d'histoire du judaïsme. Dernier ouvrage publié : *Archéologie du judaïsme en Europe* (avec Philippe Blanchard et Amélie Sagasser, dir., CNRS Éditions, 2023).

au souverain Égica, régnant sur le royaume wisigoth de Tolède de 687 à 702, permet de dater la stèle des années 688 ou 689. Il s'agit donc d'une famille juive installée en Septimanie, dont le décès simultané est probablement dû à une récurrence de la peste de Justinien dont font état les actes du XVIe concile de Tolède réuni en 693.

Cimetières confisqués et pillés

Sans que l'on sache expliquer le « silence » des trois siècles postérieurs – absence de population juive ou hasards de l'archéologie ? –, il faut ensuite attendre le XIe siècle pour disposer de traces de la présence juive. Outre une lampe de *Hanoukkah* gothique en bronze trouvée à Lyon en contexte archéologique (mahJ) et le trésor de Colmar mis au jour en 1863 (musée de Cluny), les vestiges les plus nombreux sont des stèles funéraires. Dès le XVIe siècle, le typographe Geoffroy Tory note ainsi la présence d'inscriptions hébraïques sur les murs d'hôtels du Quartier latin. Comprenant qu'il s'agit d'épitaphes, Étienne Baluze, bibliothécaire de Colbert, les relève au siècle suivant et les traduit en latin. On sait depuis le XIXe siècle qu'il s'agissait de stèles provenant de l'ancien cimetière juif de la rue de la Harpe, vendu aux dominicaines de Poissy par Philippe le Bel après l'expulsion de 1306, tandis que les monuments funéraires étaient bradés à l'encan comme pierres de taille par la Couronne et remployés dans les édifices du quartier. Car sur l'emprise de la nécropole, Louis Hachette, lors de l'extension de sa librairie en 1849, a mis au jour une centaine de stèles qui témoignent elles aussi de la prospérité de la communauté juive parisienne avant son bannissement.

Données par l'éditeur au musée de Cluny, elles sont aujourd'hui conservées au mahJ où elles constituent le principal témoignage du judaïsme médiéval français. Cette découverte n'est que le reliquat du plus grand cimetière juif de France. Partout ailleurs, les nécropoles juives ont été entièrement pillées, comme le montrent des fouilles récentes à Châteauroux, Châlons-en-Champagne, Ennezat et Manosque. Dans ces sites, des restes humains aux modalités d'inhumation caractéristiques ont été trouvés, mais les stèles qui permettaient d'en marquer la présence à la surface, conformément à la tradition juive, ont disparu. Sur quelque cent trente nécropoles connues par les textes, on n'a retrouvé de telles stèles que dans une vingtaine de villes, toujours hors site, signe de leur remploi en construction.

Synagogues médiévales, bains rituels et rues aux Juifs

À l'instar des cimetières, les archives font état de synagogues dans de nombreuses villes médiévales, mais là aussi leur accaparement par la Couronne et leur réaffectation à d'autres usages rendent difficile leur identification. En 1976, des travaux dans la cour du palais de justice de Rouen, rue aux Juifs, ont mis au jour les vestiges d'un monument somptuaire de la fin du XIe siècle. Des graffitis hébraïques montrent qu'il s'agit d'un édifice juif, probable synagogue dont la qualité atteste l'existence d'une communauté prospère, au centre de la ville. Avec la petite synagogue rurale de Rouffach, conservée dans le Haut-Rhin, c'est la seule synagogue médiévale « certaine » du territoire français. À Paris, c'est au cœur de l'île de la Cité que se trouvait la principale synagogue, rue de la Juiverie, actuelle rue de la Cité (à l'emplacement de l'Hôtel-Dieu). Après l'expulsion de 1182, l'édifice fut donné par Philippe Auguste à l'évêque Maurice de Sully qui le convertit en l'église de la Madeleine-en-la-Cité, aujourd'hui détruite mais visible jusqu'à la Révolution sur les plans de la capitale.

En France, la plupart des synagogues médiévales ne sont donc plus identifiables. En revanche, des bains rituels, profondément creusés pour atteindre la nappe phréatique et généralement préservés – quoique le plus souvent comblés après leur abandon –, ont été dégagés à Châlons-en-Champagne, Montpellier, Pernes-les-Fontaines, Provins ou Saint-Paul-Trois-Châteaux. On connaît aussi ceux de Carpentras et Cavaillon, dont la construction date du Moyen Âge, restés en usage jusqu'au XIXe siècle dans ces communautés comtadines. Si les vestiges monumentaux sont rares, fréquente cependant est la persistance des rues aux Juifs et autres rues de la Juiverie, témoignant de communautés médiévales dont la toponymie a conservé la trace. Leur nombre – près de cinq cents – illustre la dispersion des juifs dans le royaume avant les expulsions. Plus discrètes mais non moins significatives sont les occurrences dans les cadastres de biefs, bois, champs, chemins, combes, côtes, étangs, fonds, fontaines, fossés, herbages, îles, noues, pas, prés, ruisseaux, vaux, vignes… – « au Juif » ou « à la Juive » – évoquant un propriétaire juif.

Des communautés en dépit du bannissement

Les juifs ont été expulsés de France successivement en 1182, 1306 et 1394 (1501 en Provence après le rattachement du comté au royaume), mais ces bannissements ne sont ni complets ni pérennes. Ainsi, en 1550, Henri II autorise les « nouveaux chrétiens » venant de la péninsule Ibérique à s'installer sur la côte aquitaine. On retrouve leurs cimetières à Bayonne et Bordeaux, mais aussi dans l'arrière-pays bayonnais à Peyrehorade, Bidache et La Bastide-Clairence. Dans ce village, à une journée de marche de la frontière espagnole, le dégagement de la petite nécropole en usage de 1620 à 1785 montre que tous les défunts ont des prénoms chrétiens jusqu'en 1659, mais qu'à partir de cette date toutes les dalles funéraires portent des prénoms bibliques et parfois une date de décès exprimée dans le calendrier hébraïque, qui attestent un retour au judaïsme n'hésitant pas à s'afficher.

En 1552, Henri II autorise également la réinstallation de juifs rhénans en Lorraine pour avitailler la citadelle de Metz. Par ailleurs, l'Alsace, terre d'Empire jusqu'en 1648, n'a pas expulsé durablement ses juifs ; quant à Avignon et au Comtat, les papes y ont toléré les juifs jusqu'au rattachement de leurs États à la France lors de la Révolution. Aux marges du royaume, ces quatre communautés constitueront l'essentiel des quelque 40 000 juifs que la Constituante émancipera en 1791, décision politique sans précédent en Europe.

Les vestiges de cette présence à l'époque moderne ont fait l'objet de fouilles récentes : dépotoir et latrines du foyer israélite dans l'ancien ghetto de Metz ; cimetière de L'Isle-sur-la-Sorgue ; synagogue de Carpentras, rebâtie au XVIIIe siècle sur les fondations de l'édifice médiéval ; cimetière de Frauenberg en Moselle… Mais les découvertes les plus importantes sont celles de dépôts rituels de textes et d'objets conservés avant leur enterrement rituel (*genizot* en hébreu, sing. *genizah*). À l'occasion de travaux dans les synagogues de Dambach-la-Ville (2012) et de Phalsbourg (2023), on a ainsi retrouvé des milliers d'items documentant la vie de ces communautés sur plusieurs siècles. Les conditions de conservation de ces *genizot*, dans des combles très secs propices à la préservation des matériaux organiques (tissu, parchemin, papier, bois…), rendent ces découvertes sans équivalent en Europe.

Archéologie des camps d'internement

Désormais, la discipline archéologique concerne aussi le XXe siècle, et quelques opérations font écho en France à celles conduites dans les camps d'extermination en Pologne. Si les camps d'internement de Beaune-la-Rolande et Pithiviers ont été détruits sans fouille préalable, en 1965 l'exhumation de Jeanne Benyoumoff dans le cimetière de Compiègne éclaire les conditions de la déportation de cette juive marseillaise décédée dans le train l'emmenant au camp de Royallieu. Une lettre du greffier du tribunal d'instance de Compiègne, présent lors de cette procédure de routine, montre que la défunte portait ses bijoux cousus dans sa robe avant son arrestation par des gendarmes français en janvier 1943.

En 2009 à Drancy, des travaux de rénovation dans la cité de la Muette – qui a retrouvé après-guerre sa vocation de logement social – ont mis au jour quelque soixante-dix carreaux de plâtre (aujourd'hui aux Archives nationales) comportant des graffitis des internés, souvent tracés la veille de leur départ. Corrélées avec les listes établies par Serge Klarsfeld, ces traces constituent le dernier témoignage de leur existence.

Enfin, depuis 2018, les archéologues ont précisé la topographie du camp du Struthof en Alsace et révélé des éléments de « culture matérielle ».

Une tache aveugle dans le récit national

Conforté par la loi sur l'archéologie préventive de 2001, le développement de la discipline depuis les années quatre-vingt-dix a permis nombre de découvertes en raison de la multiplicité des sites abordés (1). Mais ce processus s'est déployé en l'absence de formation de chercheurs mal préparés à identifier les indices de la présence juive. Car cette histoire n'est enseignée ni au collège ni au lycée, et à l'université, elle est l'exception dans les études générales d'histoire (2). Pourtant les juifs, bien que minoritaires, n'en sont pas moins une composante bimillénaire de la population française. Dans notre pays, qui compte la population juive la plus importante du monde après les États-Unis et Israël, chaque découverte suscite une avancée de la connaissance qu'il est temps de réintégrer au récit national. Au-delà de l'intérêt scientifique, c'est un enjeu politique, car cette histoire montre la vacuité des revendications xénophobes fondées sur l'affirmation par certains de leur prétendue primauté sur le territoire, et sur l'exaltation des « racines chrétiennes de l'Europe », au mépris des principes républicains.

1. Paul Salmona, *Archéologie du judaïsme en France*, La Découverte, 2021.
2. Paul Salmona et Claire Soussen (dir.), *Les Juifs, une tache aveugle dans le récit national*, Albin Michel, 2021.

Le moment Rachi

Claire Soussen

Évoquer Rachi (1040-1105) dans un numéro de revue consacré à la présence oubliée des juifs dans l'histoire de France peut paraître paradoxal tant la place qu'il occupe est imposante, aveuglante même pourrait-on dire. Elle l'est au point que Rachi, Rabbi Salomon de Troyes, en perd sa spécificité « française », si tant est que l'on puisse lui accoler cet adjectif. Rachi, « Morenu » – notre maître –, comme l'appellent les générations d'étudiants et de sages qui se sont succédé depuis le XIIe siècle jusqu'à nos jours, est en effet un penseur juif universel, peut-être le plus grand de tous, celui dont le commentaire, devenu canonique, est imprimé en regard du texte talmudique, ce qui lui confère autorité. Quant à son exégèse systématique de l'Ancien Testament, elle fait de lui presque immédiatement la référence obligée de tous ceux, juifs mais aussi chrétiens, qui veulent accéder à la vérité du texte biblique. Et pourtant, tout en étant une référence intemporelle et universelle, un personnage iconique au-delà des marqueurs de l'espace et du temps, Salomon de Troyes est aussi un homme du Moyen Âge, imprégné par les valeurs de la société de son temps.

Claire Soussen est professeure d'histoire du Moyen Âge à l'université du Littoral-Côte-d'Opale.
claire.soussen@wanadoo.fr

Les historiens connaissent peu d'éléments établis sur sa vie : la date de sa naissance est approximative, et par convention ils la situent autour de 1040. Sa mort est quant à elle précisément datée du 13 juillet 1105, comme l'indiquent plusieurs manuscrits médiévaux. Si le nom de son père, Issac, nous est connu, en revanche ceux de sa mère et de sa femme ne le sont pas. Chose suffisamment rare pour être signalée, nous connaissons les noms des filles de Rachi qui n'eut pas de fils. Myriam, Yocheved et Rachel furent elles-mêmes épouses ou mères de disciples de Rachi qui devinrent de grands commentateurs, des experts de la *halakha*, la loi juive. Poursuivant le travail de leur maître, beau-père et grand-père, ils constituent l'école – au sens de communauté intellectuelle – des Tossafistes, sages dont les commentaires viennent clôturer l'addition des gloses du texte du Talmud.

Rachi et la Champagne

La Champagne apparaît véritablement sur la carte juive de l'Occident au XIe siècle. Jusque-là elle n'était qu'un centre secondaire par rapport à l'espace rhénan et surtout au Languedoc où les juifs étaient installés depuis l'Antiquité tardive. Petit à petit, elle finit par égaler ces deux pôles, bénéficiant notamment du grand essor économique du comté ainsi que de sa position au carrefour des principales routes terrestres du commerce occidental. Les foires de Champagne jouèrent un rôle fondamental dans le développement de la région au XIIe siècle, mais une source nous apprend qu'au milieu du XIe siècle déjà, le rabbin de Troyes, Jacob Tob-Elem, fut consulté au sujet d'un groupe de juifs de Reims qui avaient été jetés en prison alors qu'ils étaient en route pour la foire de Troyes. Il fallait payer leur rançon et les juifs de la ville demandèrent l'aide de ceux de Sens, Reims, Auxerre et Châlons qui étaient réticents, d'où le recours au rabbin. Il apparaît ainsi que, dès cette époque, Troyes joue un rôle prépondérant par rapport aux autres communautés juives de Champagne.

Celles-ci étaient sans doute très peu peuplées. À Châlons, deux familles seulement sont mentionnées dans une source du XIe siècle. Dans d'autres localités, il est impossible de rassembler le *minian* – les dix hommes qui en vertu de la *halakha* constituent l'assemblée liturgique – pour la prière. Rachi statue ainsi, en le condamnant, sur un usage qui semble avoir été assez courant dans les petites localités : constituer un *minian* avec 9 adultes plus un enfant de moins de 13 ans porteur du livre de la Torah. Il convient de garder à l'esprit la modestie de ces chiffres pour évaluer correctement le poids de la population juive dans la plupart des lieux habités avant le XIIIe siècle. Contrairement aux représentations communes, la présence juive était extrêmement dispersée et sans doute beaucoup plus marquée dans les campagnes qu'on ne l'a cru, ce qu'atteste par exemple le grand nombre de mentions de « rues des Juifs » dans de petits villages. Dès lors, le chiffre de vingt ou trente familles juives constituait déjà une communauté assez importante et s'appliquait sans doute à des villes comme Troyes à l'époque de Rachi. Cette présence dans le monde rural doit nous amener à reconsidérer également ce que l'on imagine souvent des activités exercées par les juifs et qui est le résultat du miroir déformant de nombreuses sources normatives : la spécialisation des juifs dans le prêt à intérêt.

En réalité, les juifs exerçaient au Moyen Âge un large éventail d'activités, depuis l'artisanat jusqu'au travail de la terre, en passant par des professions intellectuelles telles que médecin, juge ou maître. Comme nombre de leurs contemporains chrétiens ou musulmans, les sages juifs pratiquaient souvent une forme de polyactivité : leur savoir religieux qui leur permettait d'exercer les fonctions de juge au sein d'un tribunal rabbinique, ou *beth-din*, ou de maître auprès d'étudiants soucieux d'approfondir leur savoir, se doublait souvent d'une tâche lucrative nécessaire à l'entretien de leur famille. On a ainsi parfois dit de Rachi lui-même qu'il était vigneron, car l'un de ses *responsa* évoque le travail de la vigne. Or son intérêt pour le travail viticole et pour la conduite du vin peut s'expliquer, au-delà de la spécialité ancienne de la Champagne dans cette activité, par l'importance du vin dans la liturgie juive et les règles extrêmement nombreuses attachées à la pureté alimentaire. Pour pouvoir être consommé, le vin devait avoir fait l'objet d'une surveillance scrupuleuse au cours de toutes les étapes de sa fabrication, ce qui explique que beaucoup de juifs possédaient des vignes. Loin de vivre en vase clos, ils étaient donc profondément insérés dans la société de leur temps et partageaient l'essentiel des préoccupations de leurs contemporains.

Rachi et l'étude

Ceci ne doit pas conduire à minorer l'importance que revêtait pour les sages juifs la part de leur existence consacrée à l'étude. À la différence des conceptions touchant l'instruction dans le monde chrétien, où seuls les enfants destinés à devenir clercs apprenaient le latin, langue du savoir et de la culture, tous les enfants juifs apprenaient à lire et peut-être à écrire l'hébreu. Par la suite, une minorité seulement, la plus douée, consacrait à l'étude l'essentiel de son temps. Cependant, l'activité intellectuelle était grandement valorisée par tous ; les étudiants pauvres ou l'institution consacrée à l'étude faisaient l'objet des donations les plus fréquentes de la part des familles aisées au titre de la *tzedaka*, la charité due aux nécessiteux.

L'organisation de la formation, le « cursus scolaire », était à peu près comparable à ce que l'on observe en monde chrétien et en monde musulman pour les lettrés. Après une formation initiale auprès du rabbin ou du sage de sa communauté, l'étudiant qui voulait étoffer ses connaissances se rendait auprès de sages réputés. L'itinérance était donc indissociable du statut d'étudiant. Rachi lui-même quitta Troyes pour approfondir son apprentissage auprès des maîtres actifs dans les centres d'étude les plus brillants de l'espace ashkénaze : les villes de Mayence et de Worms, où sa présence est attestée entre 1060 et 1065 auprès de Jacob ben Hakar et Issac Halevi. Une fois sa formation achevée, il revint à Troyes où il se mit à son tour à dispenser son enseignement et rassembla autour de lui un cénacle que l'on peut qualifier d'« école » – au sens médiéval du terme – et qui, depuis la Champagne, rayonna sur le monde des études juives.

Si son succès est dû en bonne part à l'ambition de sa démarche, faire l'exégèse de la totalité de la Torah et du Talmud, il s'explique aussi par l'aspect radicalement nouveau de sa méthode.

Conscient des limites du commentaire homilétique traditionnel, très formel, il lui substitua un commentaire à la fois littéral et contextuel, qui le rendait plus vivant et actuel. Exercice fondamental de l'étude autant que de la spiritualité en monde juif – comme en monde chrétien pour la Bible –, le commentaire de la Torah et du Talmud obéissait à des modes d'interprétation que l'on a coutume de désigner à travers l'acronyme Pardès – l'équivalent des quatre « sens » de l'Écriture chers aux intellectuels chrétiens. Au *midrach*, le sens mythique, qu'il continue toutefois d'utiliser, Rachi préfère le *pshat*, un commentaire historique ou factuel, donc plus littéral, qui permettait d'éclairer la compréhension des textes sacrés en les ancrant dans le réel. C'est à cette fin qu'il ponctue son commentaire de *laazim*, c'est-à-dire de mots d'ancien français transcrits en caractères hébraïques, pour préciser la signification de termes hébreux ou araméens qui n'étaient plus compris par ses contemporains.

Le grand nombre de ces *laazim*, que les spécialistes évaluent à plus de deux mille, revêt une double importance. Il nous donne une indication quant aux conditions et aux méthodes de la transmission du savoir dans le monde juif médiéval, dont le caractère oral est ainsi confirmé. Par ailleurs, et de manière plus générale, ces termes nourrissent le répertoire de l'ancien français dont ils constituent une des plus vieilles transcriptions, avant même la floraison de la littérature courtoise en langue d'oïl dont la Champagne constitua le berceau dans la seconde moitié du XIIe siècle.

Infiniment précieux aux yeux des sages juifs, le commentaire biblique de Rachi l'est aussi pour les chrétiens qui, à partir du XIIe siècle, entendent renouveler leur compréhension de l'Ancien Testament en le lisant au plus près du texte original, c'est-à-dire en hébreu, ce qui n'est pas dénué d'intention apologétique. La glose de « Rabbi Salomon » s'impose alors comme guide indispensable si l'on en croit les maîtres de l'abbaye Saint-Victor, ou plus tard Nicolas de Lyre, franciscain du XIVe siècle, qui ponctue sa postille sur la Bible de citations de Rachi.

Symbole d'un temps où la cordialité domine encore les relations réelles ou fictives – à travers la littérature ou l'exégèse – entre intellectuels juifs et chrétiens, la figure de Rachi s'impose comme celle du plus grand des commentateurs de l'Écriture.

À la veille de la Révolution française

Pierre Savy

L'affaire paraît entendue : en 1394, le roi Charles VI ordonne « que dorénavant nul juif ou juive n'habite, demeure ou converse en *[son]* royaume ni en aucune partie de celui-ci, tant en Languedoïl qu'en Languedoc ». Expulsion définitive, qu'il paraît pourtant nécessaire de renouveler : en 1615, Marie de Médicis, qui n'est plus formellement régente mais détient encore plus de pouvoir que son fils Louis XIII, ordonne « à tous juifs et autres faisant profession et exercice de judaïsme de vider le royaume, pays et terres de son obéissance, à peine de la vie et de confiscation de leurs biens ».

Pierre Savy est historien, maître de conférences à l'université Gustave-Eiffel. Dernier livre publié : *Les Princes et les Juifs dans l'Italie de la Renaissance* (PUF, 2023).

Or, durant l'époque révolutionnaire, a lieu un autre événement, positif, dont la célébrité n'est peut-être pas à la hauteur de l'importance : après une préparation lors du débat des 23-24 décembre 1789 sur la « question juive » et une émancipation partielle le 28 janvier 1790, voilà que, par un décret en date du 27 septembre 1791, adopté à l'initiative du député Adrien Duport et signé par Louis XVI, l'Assemblée constituante émancipe tous les juifs de France : les discriminations dont ils étaient l'objet cessent et la pleine citoyenneté leur est reconnue, à l'égal des autres citoyens.

La Palice ne disconviendrait pas que, pour qu'on les expulsât de nouveau, en 1615, et, surtout, pour qu'on les émancipât, en 1791, il fallait qu'ils fussent présents sur le territoire national, d'une manière ou d'une autre. Qui étaient les juifs établis en France à la veille de la Révolution ?

Extension et réadmission

Un double phénomène rend compte de cette présence malgré les décisions d'expulsion, jamais abolies.

Premièrement, la France a grandi : définie par les « quatre rivières » (Escaut, Meuse, Saône et Rhône), au-delà desquelles c'est l'empereur germanique et non le roi de France qui exerce sa souveraineté, la frontière orientale du royaume médiéval délimite un espace sensiblement plus exigu que notre hexagone. Or les rois de France ont dépassé ces frontières, augmentant ainsi l'étendue du royaume : ce processus (dont le caractère intentionnel et l'unité historique constituent une question débattue, mais laissons-la de côté ici), qui commence dès avant la fin du Moyen Âge et se poursuit au-delà de la Révolution, accomplit ses plus grands progrès aux XVIe et XVIIe siècles, en particulier sous le règne de Louis XIV. Or beaucoup de ces contrées rattachées au royaume sont des contrées où demeurent des juifs, parfois depuis des temps reculés et en nombre ; c'est le cas de l'Alsace, par exemple, qui n'était pas sous souveraineté française au Moyen Âge. Pour être exact, signalons que, à côté de ce phénomène relativement simple d'incorporation dans le royaume de territoires à population juive, on trouve aussi des espaces, comme Metz, où les juifs avaient été expulsés et sont réadmis (en 1567) à la faveur de la récente annexion. C'est encore d'extension qu'il s'agit avec l'ensemble territorial constitué par Avignon et le Comtat Venaissin, une terre d'ancienne présence juive, sous domination pontificale et qui, le 14 septembre 1791, est « réunie » à la France, comme, avec elle, les juifs qui y demeurent.

Deuxièmement, sans que soit prise une éclatante décision de « réadmission », pour employer un vocable en usage à propos de l'Angleterre, il est un fait que, après 1394 et, surtout, après les expulsions ibériques de la fin du XVe siècle, des juifs ont pu gagner le royaume de France. Une réadmission voilée, en quelque sorte : mais ne peut-on en dire autant de la pourtant fameuse réadmission anglaise de 1655, plaidée par Menasseh ben Israël auprès de Cromwell ? Celle-ci a été concédée de fait, plutôt que de droit : il a en effet fallu attendre le XIXe siècle pour voir les juifs d'Angleterre bénéficier d'une véritable égalité. En France, quoique le concept de réadmission ne se soit pas véritablement imposé dans l'historiographie, il s'agit d'un phénomène plus étalé dans le temps mais comparable : de « nouveaux chrétiens » (des chrétiens d'origine juive) sont venus s'établir dans le royaume. Menasseh ben Israël, que nous évoquions à l'instant, n'est-il pas natif de La Rochelle ? Par des lettres patentes de 1550 (renouvelées en 1574 par Henri III), le roi Henri II avait accepté la présence en France comme sujets légitimes de Portugais désignés non sans duplicité comme « nouveaux chrétiens ». Des individus que l'on savait juifs par leur origine mais aussi, souvent, juifs – ou appelés à le redevenir – par leur foi et leur pratique. Quoique éloigné du Sud-Ouest, le cas parisien s'inscrit également dans cette admission de fait : après des années de présence à Paris, sporadique au début du XVIIe siècle, plus constante mais en butte à l'hostilité policière durant la Régence (1715-1723), voilà que, en 1750, sous le règne de Louis XV, une ordonnance permet aux juifs établis à Paris d'y obtenir un permis de séjour, à moins qu'il ne faille plutôt dire qu'elle les oblige à se munir d'un passeport : libérale ou contrôlante, cette disposition est une reconnaissance officielle de leur présence dans la capitale.

La population juive de France en 1789

De prime abord, le fait marquant est que, pour être numériquement faible (on parle d'une quarantaine de milliers de personnes en tout), cette population est extrêmement variée, par ses origines géographiques et par l'histoire de sa présence en France. Cette diversité en entraîne d'autres, importantes, en matière liturgique ou linguistique par exemple. Passons sur d'évidents traits communs – de nombreux éléments religieux, depuis les textes religieux fondamentaux jusqu'aux détails de la pratique quotidienne, une organisation communautaire assez comparable, avec partout une certaine marge d'autonomie juridictionnelle, ou encore la condition minoritaire – pour nous concentrer sur les différents groupes, leurs traits caractéristiques et leurs spécificités.

Juifs de l'Est (ou, plutôt, de Lorraine ou d'Alsace, car ces deux populations sont assez différentes), juifs d'Avignon et du Comtat, juifs du Sud-Ouest sont les principales composantes ; à elles s'ajoute la communauté juive parisienne, reflet de cette diversité puisqu'elle se subdivise à son tour selon les provenances précédemment citées. Du reste, on observe des mobilités croisées de juifs et de juives entre ces principales régions, et non seulement d'elles vers Paris. La grande diversité sur le plan socio-économique est liée en partie à l'origine et à la répartition spatiale. Mais partout ou presque les juifs exercent mille professions ; et partout il en est des riches et des pauvres, des lettrés et des incultes, des pieux et d'autres qui le sont moins.

Les juifs d'Alsace et de Lorraine sont une population nombreuse, occupant un rang social variable. Beaucoup sont de petits commerçants, parfois fournisseurs de biens (chevaux notamment) à l'armée, parfois négociants liés à ce « judaïsme rural », une marque distinctive du judaïsme alsacien, d'autant que la présence juive fut longtemps interdite à Strasbourg. Le judaïsme lorrain pèse très lourd : il a compté jusqu'à 10 000 membres en 1789. Entraîné par l'essor de la communauté juive de Metz, qui est durablement la plus importante ville juive de France, ce monde juif de Lorraine est autrement urbain que le judaïsme alsacien. Il est aussi mieux accepté et moins précaire que lui. Les deux judaïsmes de l'est de la France ont en commun un enracinement profond dans le tissu territorial et économique et une certaine réticence face aux plus révolutionnaires des projets de réforme touchant les juifs ou, ce qui revient au même, un plus grand attachement aux structures communautaires et aux prérogatives juridictionnelles qu'elles permettent.

La population juive du sud-ouest de la France, qui comprend en particulier la « nation juive » de Bordeaux, est une autre composante significative. L'évolution du cryptojudaïsme vers un judaïsme assumé commence au milieu du XVIIe siècle : à la fin du XVIIIe, elle est achevée. Le cimetière juif de La Bastide-Clairence (Pyrénées-Atlantiques), en usage de 1620 à 1785, témoigne de cette installation en France et du passage d'une sorte de marranisme ibérique à une identité juive de nouveau visible de ce côté-ci des Pyrénées (en témoigne l'onomastique des stèles). En 1723, des lettres patentes levant un arrêté contre les juifs portugais les désignent clairement comme « juifs », ce qui revient à admettre officiellement leur présence et à mettre fin à la fiction d'une catholicité de ces « marchands portugais ». On compte alors à Bordeaux environ 1 500 juifs : nulle homogénéité sociale dans ce groupe. Certains dans cette ville ou à Bayonne prospèrent dans le négoce atlantique qui fait la fortune de ces villes : qu'il suffise d'évoquer le nom illustre de la famille Gradis. D'autres travaillent comme courtiers ou comme marchands (de toile et de produits emblématiques d'un grand port : chocolat, thé ou café). D'autres encore, parfois d'origine avignonnaise, occupent de plus modestes fonctions dans le petit commerce ou la friperie. La présence dans le Sud-Ouest est épisodique dans de nombreux lieux ; elle est durable à Bordeaux et Bayonne, ainsi qu'à Bidache et Peyrehorade, sans oublier La Bastide-Clairence, déjà nommée.

Quant aux juifs avignonnais et comtadins, tentés par l'émigration, ils continuent souvent de pratiquer le vieux métier juif médiéval de prêteur d'argent ; on trouve parmi eux de simples colporteurs ou boutiquiers ou des personnes employées dans l'habillement (tailleurs, couturières). Cette population fragilisée est la plus tentée par l'émigration vers le reste de la France, quand a lieu l'annexion. On voit assez vite les anciennes « carrières » (quartiers juifs constitués dans les années 1620) des « quatre communautés » (Avignon, Carpentras, Cavaillon et L'Isle-sur-Sorgue) amorcer leur déclin séculaire.

Paris compte longtemps une population majoritairement ashkénaze, originaire pour l'essentiel de Metz, mais aussi du monde germanique (jusqu'à la Bohême), voire de plus loin (Pologne-Lituanie). Au milieu du siècle, Bordelais ou Avignonnais et Comtadins s'y rendent plus nombreux. Ces derniers vivent sur la rive gauche, tandis que les ashkénazes sont plutôt rive droite. Les deux groupes sont nettement distincts et même assez méfiants l'un à l'égard de l'autre ; du reste, les juifs de Paris ne forment pas à proprement parler une communauté instituée. Ils sont pour la plupart actifs dans les affaires ou le commerce, en particulier celui des soieries et des petits articles de bijouterie ou de quincaillerie.

La question politique

Impossible de ne pas prêter une attention particulière à l'attitude de cette population à l'égard de la question politique, qui n'attend pas 1789 pour se poser avec acuité, comme en témoignent les fluctuations de la position de la monarchie concernant les juifs (entre expulsion, admission voilée et admission assumée) ou les débats enflammés sur le sort des populations minoritaires et/ou différentes : on pense aux protestants, que la révocation de l'édit de Nantes de 1685 a durablement persécutés et qui ne sont de nouveau acceptés qu'en 1787, mais aussi aux « Hurons » d'Amérique du Nord ou aux esclaves noirs – la Société des amis des Noirs est créée en 1788 et l'abolition de l'esclavage (décidée en 1793) a été demandée par les mêmes qui se soucient du sort des juifs discriminés.

Évoquons la trajectoire de « M. Zalkind-Hourwitz, Juif Polonois », célèbre pour être l'auteur d'une *Apologie des Juifs* qu'il signe ainsi. Il l'a rédigée en réponse à la question posée dans le cadre du concours organisé par l'Académie de Metz en 1787 : est-il des moyens de rendre les juifs plus utiles et plus heureux ? Né en 1751 près de Lublin, en Pologne, Hourwitz s'est d'abord rendu à Berlin, puis à Metz et, enfin, en 1774, à Paris, où il a exercé de modestes professions dans la revente de vêtements d'occasion tout en améliorant sa connaissance du français et en se familiarisant avec les idées des Lumières – le mépris de ce juif pétri d'un idéal assimilationniste et rationaliste à l'égard des temps gothiques est bien d'un homme des Lumières. Son texte, salué par l'Académie à côté d'un autre plus fameux, l'*Essai sur la régénération physique, morale et politique des juifs* de l'abbé Grégoire, témoigne de la capacité de participation d'une partie au moins de la population juive à la réflexion et à la prise de décision politiques. On rencontre de plus illustres figures, comme celle de l'Alsacien Cerf Beer, longtemps préposé général de la nation juive d'Alsace et actif en faveur de l'émancipation.

De l'intégration remarquable des juifs, bien loin des clichés détestables parfois colportés par leurs défenseurs mêmes (que l'on songe à la vision des juifs exposée dans cette œuvre ambiguë qu'est l'*Essai* de l'abbé Grégoire), la mobilisation en faveur de l'émancipation, par exemple les démarches pour trouver aux juifs parisiens un avocat en la personne de Jacques Godard et faire ainsi avancer leur cause, constitue une preuve remarquable. Elle prépare l'adhésion des juifs et des juives de France au projet émancipateur et, bientôt, républicain, qui produira le franco-judaïsme.

L'émancipation : un détour par l'Allemagne au XVIIIe siècle

Michel Delon

Jusqu'à la fin de sa vie, Diderot a enrichi d'anecdotes et de digressions *Le Neveu de Rameau*. Il se sentait d'autant plus libre dans ce texte qu'il le conservait manuscrit sans perspective de publication. Il y introduit deux histoires qui mettent en scène des juifs. La première se passe dans le Comtat Venaissin, alors terre pontificale, la seconde en Hollande. Les deux histoires sont en partie fictives : il situe en Avignon une escroquerie mortelle dont a été victime un commerçant israélite au Portugal et attribue à un juif d'Utrecht une indélicatesse attribuable à un Hollandais chrétien de La Haye. Le Neveu, cynique et provocateur, fait l'éloge d'un aventurier qui a profité du statut d'exclusion des juifs pour perdre l'un d'entre eux et s'approprier sa fortune. L'aventurier se fait accueillir et quasi adopter par « un bon et honnête de ces descendants d'Abraham, promis au père des croyants, en nombre égal à celui des étoiles ». Lorsque ce dernier est totalement en confiance, l'escroc lui annonce qu'ils ont été dénoncés à l'Inquisition, qu'il leur faut s'enfuir : un bateau sur le Rhône, portant toute la fortune du commerçant, permettra de gagner rapidement la Méditerranée. La veille du jour prévu, le scélérat se rend à bord et part seul, non sans avoir réellement dénoncé son bienfaiteur à l'Inquisition. « Et ce fut ainsi que le renégat

Michel Delon est professeur émérite à la Sorbonne. Derniers ouvrages publiés : *La 121e Journée* (Albin Michel, 2020) et l'édition de *La Marquise de Gange et autres romans historiques,* de Sade (Bouquins, 2023).

devint tranquille possesseur de la fortune de ce descendant maudit de ceux qui ont crucifié notre Seigneur. » Pour Diderot, à la recherche d'une morale indépendante de toute caution transcendante, le crime du renégat est l'exemple des mensonges crapuleux qui se colorent de prétexte religieux, et l'Inquisition apparaît comme la pire institution, qui bafoue la liberté de conscience.

Le Neveu de Rameau est un dialogue qui, dans un jeu permanent du pour au contre, récuse toute conclusion simpliste. La condition des juifs illustre les dangers d'une société où la religion n'est pas séparée de l'État et la nécessité d'accorder des droits civils à ceux qui ne se reconnaissent pas dans la religion dominante. Le commerçant d'Avignon est « bon et honnête », généreux et accueillant, aux antipodes des stéréotypes antisémites. Le neveu de Rameau, lui-même musicien, ne manque pas d'évoquer un autre israélite qui l'a lui-même secouru autrefois en Hollande. Il raconte : « C'était un juif opulent et dissipateur qui aimait la musique et mes folies. Je musiquais, comme il plaît à Dieu ; je faisais le fou, je ne manquais de rien. » Ce bienfaiteur vit en riche libertin, il prétend séduire une courtisane et charge un intermédiaire de porter son offre, agrémentée d'une lettre de change. Comme la courtisane refuse le marché, l'intermédiaire propose au même prix sa propre femme. L'affaire est conclue et consommée, mais lorsque le mari indélicat veut se faire payer la lettre de change, le libertin la récuse et s'inscrit en faux. Procès, le plaignant n'ose imaginer que les termes du marché puissent être révélés et son adversaire n'hésite pas à se déshonorer pour le perdre. « Ils furent blâmés tous les deux ; et le juif condamné à payer la lettre de change, dont la valeur fut appliquée au soulagement des pauvres. » Le riche débauché, prêt à une entourloupe sordide, fait pendant au commerçant honnête, victime de son bon cœur. Diderot refuse toute image simpliste qui essentialiserait le juif dans un caractère positif ou négatif (1). Le crime dont l'un est la victime et la petite crapulerie dont l'autre est coupable renvoient au vrai problème qui est politique et juridique, le statut des non-catholiques, exclus de toute vie civile dans la France et plus généralement l'Europe d'Ancien Régime.

Diderot meurt en 1784, sans avoir publié *Le Neveu*. En 1787, Louis XVI promulgue l'édit de tolérance qui accorde un état civil aux protestants ainsi que le droit d'accéder à tous les emplois civils et militaires. Reste la communauté juive, ou pour être plus exact les communautés du Bordelais et d'Alsace qui demeurent dans une situation de non-droit. Deux figures s'imposent alors dans le combat pour leur « réforme politique », figures que rien ne rapproche alors, qui vont devenir des acteurs de premier plan de la

Révolution. Honoré-Gabriel Riqueti de Mirabeau est un fils de famille, en rupture de ban, plusieurs fois emprisonné, poursuivi par son père et contraint à l'exil à travers l'Europe. Il se fait connaître par ses essais militants, contre l'arbitraire et les lettres de cachet, contre l'esclavage, contre le sort imposé aux juifs. Il publie en 1787 *Sur Moses Mendelssohn, sur la réforme politique des juifs, et en particulier sur la révolution tentée en leur faveur en 1753 dans la Grande-Bretagne*. Henri Grégoire est un curé de campagne qui a fait ses études à l'université de Nancy et au séminaire de Metz. Il est actif dans les sociétés de bienfaisance et dans les cercles intellectuels de Strasbourg, carrefour de nationalités et de confessions. Il participe au concours ouvert par la Société royale des sciences et des arts de Metz en 1788. Son mémoire est couronné et paraît l'année suivante sous le titre *Essai sur la régénération physique, morale et politique des juifs*. Mirabeau est né en 1749, Grégoire en 1750, ils appartiennent à la génération qui atteint ou approche la quarantaine lors de la prise de la Bastille : Louis XVI est de 1754, Marie-Antoinette de 1755, Vergniaud de 1753, Brissot de 1754.

Mirabeau (2) a séjourné à Berlin, fréquenté les milieux éclairés et veut faire connaître le combat des juifs allemands qui est le même que celui des juifs français. L'essai multiplie les citations de Mendelssohn et de Christian Wilhelm von Dohm, haut fonctionnaire prussien, auteur d'un essai, *De la réforme politique des juifs*. Il commence par dresser un portrait de Moses Mendelssohn (1729-1786) (3) qui est la preuve vivante de la possibilité d'arracher les juifs à la misère et aux préjugés. Fils de parents pauvres, Mendelssohn bénéficie de l'aide de quelques coreligionnaires qui remarquent ses capacités, et fait preuve d'une volonté de savoir exceptionnelle. Il se forme à la culture hébraïque aussi bien qu'aux humanités classiques, apprend les langues anciennes et vivantes ; « il croyait que c'était mutiler l'esprit de l'homme que de le priver de la connaissance de plusieurs langues ». La multiplicité des idiomes, longtemps ressentie comme la preuve de la disgrâce et des errements de l'humanité, chute dans la mésentente babélique, peut devenir source de richesse. Alors que l'Académie de Berlin met au concours en 1784 une question sur l'universalité de la langue française et couronne contradictoirement la réponse de Rivarol, qui parie sur une universalité pérenne du français, et celle de l'universitaire allemand Schwab, qui lui prédit une durée limitée, l'idée fait son chemin que la force de l'Europe est dans sa diversité et que, comme on le dira plus tard, sa vraie langue commune est la traduction. La rencontre de Mendelssohn avec Lessing (4) achève de transformer le petit juif miséreux en un intellectuel des Lumières, qui publie, est traduit dans toute l'Europe et bientôt salué comme le Platon moderne, le Luther des juifs, voire le troisième Moïse, Maïmonide étant le deuxième. Dans *Phédon, ou Entretiens sur la spiritualité et l'immortalité de l'âme*, puis dans *Jérusalem*, il répond à Lavater, le pasteur de Zurich, aujourd'hui connu pour son *Essai sur la physiognomonie*, qui lui avait dédié une traduction de Charles Bonnet et l'avait mis au défi de réfuter les preuves du christianisme. Il refuse toute controverse religieuse, au nom de la liberté de chacun d'avoir sa propre foi et à cause de la situation qui est celle de sa communauté.

> « Ne suis-je pas membre d'un peuple opprimé qui n'a d'autre protection que celle que la nation régnante veut bien accorder à ses prières, qui ne l'obtient pas partout, et jamais sans restriction ? Ceux de ma communion se privent volontiers des libertés qu'on accorde aux autres hommes. Ils se contentent de n'être que soufferts et protégés. (5) »

Les conditions d'un débat théologique équitable ne sont donc pas remplies. Que chacun se contente d'adorer librement l'Être suprême à sa manière. Mirabeau ne cite pas les réponses à la question : qu'est-ce que les Lumières ? posée dans la *Berlinische Monatsschrift* en 1783. Mendelssohn donne au numéro de septembre 1784 une réponse qui transforme la question, du substantif abstrait au verbe *éclairer* : éclairer, c'est répandre la civilisation. Trois mois plus tard, Kant répond à son tour à la question du périodique. Là où Mendelssohn cherche à concilier les valeurs universelles propres à l'homme et les valeurs particulières du citoyen, Kant définit les Lumières comme la sortie de l'homme hors de l'état de tutelle, comme l'exercice par lui-même de sa raison et la participation à l'opinion publique.

Lumières et tolérance

Mirabeau ne prête pas attention à ce débat qui rétrospectivement nous semble déterminant. Il indique seulement dans une note en bas de page que Kant est un professeur de philosophie à peine connu en France, à la terminologie si singulière qu'il a fallu le traduire en allemand vulgaire. Pour le militant français des « droits naturels du genre humain », il s'agit de faire reconnaître la séparation du politique et du spirituel. Sans garant transcendant, une morale purement humaine est-elle possible ? Notre monde n'est-il pas livré aux infortunes de la vertu et aux prospérités du vice ? Le personnage de Robert Clive sert à Mirabeau pour établir une solidarité entre les luttes contre le colonialisme et contre la ségrégation des juifs. Lord Clive s'est illustré dans la conquête de l'Inde par les Anglais et dans le pillage des richesses locales. Accusé de concussion devant la Chambre des communes, il est blanchi officiellement, mais Mirabeau le présente poursuivi par le remords et finissant par se suicider. La même perspective de valeurs humaines laisse espérer une coexistence des communautés religieuses. Qu'elles renoncent à se refermer sur elles-mêmes, que le chrétien et le circoncis, juif ou musulman, sectateur d'Ali ou d'Oman, soient humains avant d'être fidèles d'une foi particulière. Les *quakers,* qui refusent de porter des armes, de prêter serment, qui se distinguent par leur habillement, parviennent à devenir d'utiles citoyens, de même que les mahométans dans les empires d'Autriche et de Russie. Il doit pouvoir en être de même pour les israélites. Seule la persécution entraîne leur absence de sens civique.

Mirabeau appelle donc à la « régénération » des juifs, le terme est repris par l'Académie de Metz et par l'abbé Grégoire. La régénération désigne théologiquement la transformation du fidèle sous l'effet du baptême ou de la pénitence, la vie nouvelle qui s'offre à lui, et médicalement la reconstitution de tissus et organes blessés ou lésés qui parviennent à cicatriser. L'acception théologique est laïcisée et l'acception médicale devient, à la fin du XVIIIe siècle, la métaphore d'une réforme politique et d'un progrès. Dans ces années qui précèdent 1789, la transformation de la société est pensée comme régénération avant d'être révolution. Restreints aux activités du commerce, les juifs ont été acculés à tous ses défauts. Admis aux diverses activités économiques, ils s'intégreront à la société. L'acte de naturalisation qui proposait de leur reconnaître les mêmes droits qu'aux fidèles des autres religions, en Grande-Bretagne en 1753, doit servir de modèle, et les arguments, qui ont fait alors repousser la proposition, doivent être combattus pour que la réforme aboutisse cette fois. En Allemagne, c'est un professeur de théologie de Göttingen, Johann David Michaelis, qui a développé ces arguments négatifs et leur a donné l'autorité de ses compétences de connaisseur du droit mosaïque. Il récuse la possibilité de réformer un peuple qui prétend rester identique à lui-même depuis les temps bibliques. Il craint la prolifération de juifs venus d'ailleurs et le remplacement du peuple allemand par des étrangers.

> « *[...]* on comprendra que bientôt ils auraient envahi tous les genres d'activité, toutes les professions, toutes les propriétés, et qu'ainsi la population des chrétiens disparaîtrait devant celle des enfants de Moïse, révolution inique,

désastreuse puisque les Allemands indigènes en seraient victimes et qu'une horde hébraïque, un état de juiverie avilissante prendrait la place de ce qui existe. (6) »

Le professeur Michaelis associe cette émigration juive et la délinquance qui, estime-t-il, sévit en Allemagne. Mirabeau fait appel à la morale aussi bien qu'à l'économie pour écarter de telles craintes et de tels fantasmes. L'objectivité des statistiques, en train de se constituer en sciences alors, réfute le lien entre émigration et délinquance. Les droits humains sont antérieurs et supérieurs à toutes les législations particulières et l'accueil d'une population laborieuse ne peut que favoriser l'essor économique du pays.

L'abbé Grégoire a les mêmes références que Mirabeau, référence positive à von Dohm, référence négative à Michaelis, dans un discours mieux articulé en vingt-sept chapitres suivis d'abondantes notes savantes, selon le modèle d'un discours académique. Il commence par dresser les sinistres décomptes des massacres tout au long de l'histoire. Le peuple juif a été décimé « par le fer, le feu, la faim ». Les intervalles des carnages n'étaient que « le temps nécessaire au délassement des bourreaux ». Le prêtre catholique reconnaît le rôle de l'Église dans ces persécutions et souligne la mauvaise foi de tous ceux qui déguisaient d'un prétexte religieux l'envie de piller les biens juifs. Il énumère les calomnies dont la communauté a été la victime, des enfants immolés aux fontaines empoisonnées, et tous les prétendus défauts qui sont la conséquence des contraintes imposées. Est-ce un paradoxe qu'un peuple accusé d'être refermé sur lui-même ait inventé ou développé la lettre de change, principe d'ouverture des échanges et de circulation des personnes et des biens ? c'est la preuve d'un avenir ouvert. Grégoire propose d'autoriser le prêt aux chrétiens, d'instituer des monts-de-piété publics qui casseraient le monopole de l'usure, et de faire enregistrer officiellement toutes les créances. Ne demandons pas des vertus à ceux que nous forçons à devenir vicieux. Permettons-leur de vivre dignement et ils s'adapteront à notre mode de vie sans renier leur foi. Acceptons-les comme artisans et comme cultivateurs, comme fonctionnaires et comme soldats, ils deviendront patriotes. Évitons les ghettos et imposons la mixité sociale. Isoler les israélites, c'est les enfermer dans leur différence. L'idée d'une patrie juive semble à Grégoire un encouragement au fanatisme, « c'est jeter du soufre sur un brasier pour en éteindre l'activité ». Car la sclérose de l'enseignement rabbinique et l'endogamie ne peuvent conduire qu'à la dégénérescence. Il n'est pas jusqu'aux interdits alimentaires qui ne menacent la santé. On retrouve le révolutionnaire, le futur auteur du rapport sur les langues régionales, qui s'intitulera exactement *Rapport sur la nécessité et les moyens d'anéantir les patois et d'universaliser l'usage de la langue française*, en juin 1794 : une langue commune lui paraît seul garant d'une unité nationale et d'un échange démocratique. En 1787, il appelle les juifs à ne pas se contenter d'un jargon « tudesco-hébraïco-rabbinique » et à apprendre la langue nationale pour participer comme les autres citoyens à la vie publique. Il faut encourager les mariages mixtes, organiser une éducation publique dans le respect des croyances de chacun, prévoir également une formation nationale pour les futurs rabbins et docteurs de la Loi. En bénéficiant des hôpitaux, des orphelinats, de la bienfaisance publique, les juifs se sentiront enfin membres d'une communauté nationale au-delà de leur seul lien religieux. Cet espoir est-il irréaliste ? demande Grégoire : il faut faire confiance à l'humanité et donner du temps au temps. Rien n'est certain, mais on peut espérer que deux générations suffiront pour assurer cette réforme. Le mémoire s'achève par un appel du curé lorrain à ses compatriotes :

> « Ô nation, depuis dix-huit siècles vous foulez les débris d'Israël *[…]* Auteur de leurs vices, soyez-le de leurs vertus ; acquittez votre dette et celles de vos aïeux. »

L'abbé ne reniera jamais sa foi chrétienne qu'il ne peut séparer de la conscience d'appartenir à une famille universelle et de sa confiance dans la fraternité entre les peuples.

Il faut relire ces textes d'il y a deux siècles et demi. Ils sont là pour nous étonner et nous toucher, pour choquer certains parfois, en tout cas pour nous empêcher de rester rivés à notre seul présent dans le face-à-face mortifère des certitudes antagonistes. Les intellectuels français à la veille de 1789 ont fait un détour par l'Allemagne, faisons un détour par le passé. L'invention de la philologie au XVIe siècle a été une façon de sortir des guerres de Religion. Que la lecture scrupuleuse des textes anciens soit une façon d'échapper à nos sanglantes querelles de mots.

1. On trouvera une ample information chez Léon Schwartz, *Diderot and the jews*, Fairleigh Dickinson-University Press, 1981.
2. Vient de paraître l'essai de Loris Chavanette, *Le 14 juillet de Mirabeau. La Revanche du prisonnier*, Tallandier, 2023.
3. Pour sa connaissance aujourd'hui, voir la riche biographie de Dominique Bourel, *Moses Mendelssohn. La naissance du judaïsme moderne*, Gallimard, 2004, et la présentation plus rapide de David Sorkin, *Moïse Mendelssohn. Un penseur juif à l'ère des Lumières*, Albin Michel, 1996.
4. Voir Gotthold Ephraim Lessing, *Nathan le sage (Nathan der Weise)*, GF-Flammarion, 1997. Le drame de Lessing confronte les représentants des trois monothéismes et le dénouement appelle à la fraternité humaine.
5. Mirabeau, *Sur Moses Mendelssohn, sur la réforme politique des Juifs*, Londres, 1787, p. 33.
6. Idem, p. 111.

Une intégration modèle

Dominique Schnapper

L'histoire moderne des juifs en France commence symboliquement avec l'édit d'Émancipation voté par les membres de l'Assemblée constituante le 21 septembre 1791, qui leur accordait la pleine citoyenneté (les juifs du Midi l'avaient déjà obtenue par un premier décret du 28 janvier 1790). Ils participent ainsi pleinement au mythe fondateur de la nation moderne, puisqu'en France « la hantise des origines, dont est tissée toute histoire nationale, s'inscrit dans la rupture révolutionnaire » (François Furet). L'octroi de la citoyenneté, décision proprement révolutionnaire, fut accompagné de la célèbre formule que le comte de Clermont-Tonnerre prononça devant l'Assemblée constituante le 23 décembre 1789 : « Il faut tout refuser aux juifs comme nation : il faut tout leur accorder comme individus ; il faut méconnaître leurs juges, ils doivent avoir les nôtres ; il faut refuser la protection légale au maintien des prétendues lois de leur corporation judaïque ; il faut qu'ils ne fassent dans l'État ni un corps politique ni un ordre ; il faut qu'ils soient individuellement citoyens. »

Dominique Schnapper est sociologue et politologue. Dernier ouvrage publié : *Temps inquiets. Réflexions sociologiques sur la condition juive* (Odile Jacob, 2021).

La formule de Clermont-Tonnerre, si fréquemment invoquée par les juifs pour résumer leur nouvelle condition, ne faisait qu'appliquer à une population particulière le principe général qui fondait désormais la légitimité politique et le lien social, celui de la citoyenneté moderne et de sa vocation universelle. Il n'en faut pas moins admirer l'audace des révolutionnaires qui l'étendirent à une population aussi méprisée, détestée, souvent indigente. Même les défenseurs des juifs les plus ardents, hommes des Lumières, qui prônaient leur « régénération », selon le terme de l'époque, ne manquaient pas d'évoquer leurs « défauts ».

Dans le nouvel ordre politique qui venait d'être proclamé, les « nations juives », au sens de l'Ancien Régime, constituaient désormais une anomalie. En autonomisant les diverses dimensions de l'existence et, en particulier, en séparant le politique du religieux, la nation moderne imposait aux juifs, devenus citoyens français, de réinterpréter le judaïsme en termes de culture, de croyances et de pratiques d'ordre religieux. Ils devaient renoncer à leurs droits politiques, à leurs lois particulières, à leurs juges et à leurs tribunaux. Ils devaient mettre fin à l'indépendance politique des communautés, à ce que Jacob Katz a appelé le *Jewish self-government*. Les organisations juives devenaient cultuelles, culturelles ou humanitaires, elles cessaient d'être politiques. Si la première génération après l'émancipation fut d'abord réticente devant ce nouveau régime, la grande majorité d'entre eux, à partir de la seconde moitié du XIXe siècle et jusqu'à la Seconde Guerre mondiale, ont massivement accepté l'idée de réinterpréter le judaïsme comme une religion parallèle aux religions chrétiennes. Désormais citoyens, ils ne participaient plus à la vie politique en tant que juifs, mais en tant que citoyens. Ils appliquaient la formule de Moses Mendelssohn selon laquelle les juifs devaient être juifs chez eux et allemands (ou français) à l'extérieur. Ils ont été parmi les meilleurs des citoyens et les plus conformes à l'idée et à l'idéal de la citoyenneté.

Par son irruption dramatique sur la scène politique de l'Europe, le principe proclamé du « citoyen » moderne, dont les révolutionnaires français s'attribuaient la paternité, allait donner une coloration particulière aux relations des juifs avec la France – bien que la politique napoléonienne revint sur les principes révolutionnaires et que la pleine égalité juridique ne fut réellement acquise qu'avec la suppression du *more judaico* en 1846 par le gouvernement de Louis-Philippe. La France était désormais, dans l'imagination des juifs européens, le pays de l'émancipation, et le célèbre proverbe yiddish « heureux comme Dieu en France » montrait que cette représentation enchantée n'était pas réservée aux seuls juifs français. Ces derniers ont cultivé l'idée que leur patrie était, en ce qui les concernait, unique et admirable, puisqu'elle avait proclamé l'émancipation et l'avait imposée au reste de l'Europe.

On a pu critiquer cette forme d'intégration en arguant de l'affaiblissement de leur conscience juive et de leur connaissance de la tradition. Pour la comprendre, il faut l'inscrire dans l'histoire de l'intégration de la nation tout entière. La nation française est le produit d'une longue histoire et la population française l'héritière d'un long processus d'homogénéisation auquel ont successivement œuvré les rois de France, les révolutionnaires jacobins et les républicains des années 1880. Le projet politique moderne y est né des valeurs incarnées par la Révolution, par l'idée et les institutions de la citoyenneté individuelle, en refusant toute constitution de « communautés » particulières. Cette politique, qu'on a qualifiée jusque dans les années soixante-dix de politique d'assimilation (on parle aujourd'hui d'« intégration », mais, si le mot a changé, la politique reste fondamentalement la même), n'impliquait pas que fussent supprimées toutes les spécificités des populations progressivement intégrées dans la nation. Ce n'était ni possible ni souhaitable. Elle impliquait que toutes les particularités fussent maintenues dans l'ordre du privé et que les individus se conformassent à la logique française dans l'ordre du public.

Dans la mesure où la tradition nationale associait étroitement unité politique et unité culturelle, toute manifestation de particularisme politique ou culturel apparaissait comme une menace objective à l'unité nationale. Cette politique se traduit dans l'espace urbain dans lequel on ne trouve guère d'exemples de regroupements de populations selon leur origine. Il n'existe pas dans les villes françaises de quartiers réservés à une « communauté » nationale ou religieuse, parce que la France ignore les identités ethniques, qui appartiennent au domaine du privé et, plus encore, les « communautés » particulières ou les « groupes ethniques » (1). Le quartier de la rue des Rosiers, symbole d'un centre de la vie juive parisienne, n'a jamais compris qu'environ 25 % de juifs. C'est aussi le cas de ce qu'on appelle les quartiers juifs de Strasbourg. Dans l'apparition de quartiers juifs à Créteil et Sarcelles, où longtemps la population juive a pu atteindre jusqu'à 38 % de la population totale, on avait pu voir un indice de l'affaiblissement du modèle traditionnel de l'intégration nationale.

Des patriotes fervents

Jusqu'à la Seconde Guerre mondiale, les citoyens français juifs qui s'appelaient eux-mêmes des « israélites » ont participé avec ferveur et reconnaissance au culte de la nation issu de la Révolution – et généralement diffusé dans l'ensemble de la population –, qui leur donnait, par un véritable miracle historique, les moyens de réconcilier le patriotisme le plus exigeant avec l'essentiel de la tradition juive. Comme le proclamait le grand rabbin Zadoc Kahn parlant de la Révolution : « On dirait que l'ère annoncée par les prophètes d'Israël a enfin lui sur le monde. » Maurice Bloch développa à son tour la comparaison : « Les temps du Messie étaient venus avec cette nouvelle société qui, à la vieille Trinité de l'Église, substituait cette autre trinité dont les noms se lisaient sur toutes les murailles, "liberté, égalité, fraternité". » Les cérémonies à la synagogue comportent aujourd'hui encore une prière pour la République française, et la « nouvelle » trinité est volontiers rappelée lors des réunions des organisations laïques. Grâce à la Révolution, le patriotisme français se confondait, par un véritable miracle historique, avec les valeurs universelles du respect des droits de l'homme et, également, avec le messianisme qui est au cœur du judaïsme. Léon Blum parlait de la « bonne fortune » qu'il avait eue de naître en France, son « pays natal ». La croyance dans les valeurs universelles à travers la double fidélité au judaïsme et à la France de l'émancipation a donné une forme spécifique au franco-judaïsme.

Ce passé permet de comprendre le bouleversement qu'a introduit, autant que la découverte de la Shoah, l'adoption du « statut des juifs » du 3 octobre 1940, par lequel le gouvernement de Vichy excluait les juifs de toute une série de positions sociales et trahissait le principe de l'égalité de tous les citoyens devant la loi, dans l'indifférence d'une population traumatisée par la débâcle militaire. Alors que l'affaire Dreyfus n'avait pas ébranlé la confiance des juifs dans la République, ceux-ci ont dû constater que l'État français, qui avait toujours protégé les juifs, éventuellement contre l'antisémitisme de la société civile, les avait alors trahis. En allant au-devant des demandes allemandes, comme l'ont démontré les historiens Marrus et Paxton, il avait détruit leur rapport enchanté avec la République et la France (2). Ils ne pouvaient comprendre l'entreprise inouïe d'extermination, dont la folie dramatique échappait aux normes de leur conscience historique. Le gouvernement français n'avait défendu ni les juifs français ni les juifs étrangers, qui avaient eu l'illusion de trouver un refuge dans le pays des droits de l'homme. L'histoire avait cassé une fois pour toutes ce qui est apparu désormais comme une tragique illusion. Les juifs français ont ainsi cessé de croire à l'exceptionnalisme de leur destin. Ils ont intériorisé l'idée que même le pays qui avait proclamé les droits de l'homme risquait toujours d'être infidèle aux principes qu'il avait lui-même proclamés.

Le patriotisme inquiet

La différence de signification accordée aux deux termes « juifs » et « israélites » peut être interprétée comme un symbole de la réinterprétation des identités et du franco-judaïsme depuis la Seconde Guerre mondiale (3). Jusqu'en 1940, les juifs, modestes et bourgeois ou embourgeoisés, tous patriotes, installés en France parfois depuis des générations, ou descendants d'immigrés, souvent peu pratiquants, utilisaient le terme « israélites » pour se désigner eux-mêmes et se distinguer ainsi, culturellement, religieusement et socialement, des juifs pauvres, souvent attachés à la tradition, qui se réfugiaient en France pour fuir les persécutions dont ils étaient les victimes dans l'Europe de l'Est. C'était, au nom de valeurs universelles, le terme de l'assimilation volontaire et enthousiaste au pays de la Révolution. Depuis la guerre et surtout depuis le « statut des juifs », la majorité d'entre eux a conclu que la politique dite d'assimilation, à laquelle les générations précédentes avaient adhéré avec tant d'enthousiasme, avait été une faute morale et une erreur politique tragique. Le terme « israélite », qui apparaît désormais lié aux illusions du passé, a pris un sens péjoratif. Les juifs s'autodéfinissent désormais par le terme qui fut celui du mépris, des persécutions et de la Shoah, ils se revendiquent en tant que juifs. Cette identification – dont le contenu objectif varie d'un individu à l'autre et, dans certains cas, va jusqu'à s'effacer – devient le point commun à toute la population, même si c'est sous des formes concrètes diverses, qu'elles soient religieuses ou historiques. Le modèle traditionnel de l'intégration française, par l'idée et les institutions de la citoyenneté individuelle, dont le franco-judaïsme était l'une des dimensions, perd, pour tous, juifs et non-juifs, de sa force et de sa spécificité. Au modèle du franco-judaïsme fondé sur la conciliation, au nom de valeurs universelles, d'un patriotisme ardent et reconnaissant avec la fidélité aux traditions juives ont succédé des formes plus éclatées d'identités et d'organisations.

La relation passionnée et enchantée avec la France, la république et l'État républicain a symboliquement pris fin le 3 octobre 1940, jour de la promulgation du « statut des juifs » par le gouvernement vichyssois. Désormais, les juifs, restés patriotes, n'en savent pas moins que, quelle que soit leur bonne conduite en tant que citoyens, la France n'est pas plus exempte d'antisémitisme que les autres et que seule une démocratie forte les protège contre le retour des passions tristes.

Cet article reprend les thèmes développés dans *Temps inquiets*, Odile Jacob, 2021.

1. Dominique Schnapper, *La Citoyenneté à l'épreuve. La démocratie et les juifs*, Gallimard, 2018.
2. Michael R. Marrus, Robert O. Paxton, *Vichy et les Juifs*, Calmann-Lévy, 1981.
3. Dominique Schnapper, *Juifs et israélites*, Gallimard, 1980.

Au combat pour la France, de 1870 à 1945

François Heilbronn

Proust avait raison quand il écrivait : « Et pourtant, cher Charles Swann, que j'ai connu quand j'étais encore si jeune et vous près du tombeau, c'est parce que celui que vous deviez considérer comme un petit imbécile a fait de vous le héros d'un de ses romans, qu'on recommence à parler de vous et que peut-être vous vivrez. » En effet, grâce à sa *Recherche*, le monde entier connaît le personnage de Swann, et certains le nom de son modèle, Charles Haas.

Mais pourquoi Charles Haas, Français israélite n'ayant aucun titre de noblesse, a-t-il pu être admis au Jockey Club en janvier 1871 ? Peut-être sa conduite héroïque lors du siège de Paris comme volontaire dans l'escadron des éclaireurs de la Seine n'y fut pas étrangère ?

Cet escadron de volontaires à cheval, l'escadron des éclaireurs Franchetti, se constitua à l'initiative et sous le commandement du chef d'escadron Léon Franchetti, un juif italien de Livourne, ancien commandant aux chasseurs d'Afrique. Il était le mari de Emma Worms, la petite-nièce de Michel Goudchaux, l'un des premiers juifs à devenir ministre en France en 1848. Cet escadron ou corps franc de volontaires conduisit les raids les plus farouches à l'automne 1870 contre le siège prussien de Paris.

François Heilbronn est professeur associé à Sciences Po, vice-président du Mémorial de la Shoah, auteur de *Deux Étés 44* (Stock, 2023).

Dans cet escadron de 75 cavaliers, on retrouve plusieurs noms d'anciennes familles « israélites françaises », comme Edgar Rodrigues, Gustave Fould, Armand Lévy, mais aussi Charles Haas. Parmi ceux « tués à l'ennemi », nous pouvons relever les noms de quelques « israélites » : le commandant Léon Franchetti, le sous-lieutenant Lucien Worms et le brigadier Jules Crémieux.

Lorsque l'escadron enterra « son chef bien-aimé », il est rapporté que « le chant des prières hébraïques s'élevait vers le ciel… puis le grand rabbin prit la parole : Il est mort pour la France… Quand une nation, au milieu de si grands malheurs, sait encore produire de tels dévouements, enfanter de tels héros, ce n'est pas une nation perdue, ce n'est pas une nation morte. Adieu Franchetti, adieu vaillant frère ».

> « L'armée française compte alors de nombreux officiers et sous-officiers israélites. Léopold Sée devient général de brigade en novembre 1870 pour sa conduite à la bataille de Gravelotte ; le colonel Gabriel Brisac commande, pour sa part, la réserve d'artillerie du 12e corps de l'armée du Rhin. Sur 44 blessés juifs lors du blocus de Metz, 8 sont officiers ou sous-officiers et 7 hommes décèdent des suites de leurs blessures. (1) »

Mahir Charleville, grand rabbin d'Oran en Algérie, appelle les « indigènes israélites » à se porter volontaires pour « contribuer à la victoire du drapeau français… » (2).

Maxime du Camp écrit à propos de Coralie Cahen, une infirmière héroïque :

> « On a dit, et j'ai dit moi-même, que les israélites n'avaient qu'un sentiment incomplet de la patrie ; ô juive, pardonnez-moi ! (3) »

Le grand rabbin de Paris Zadoc Kahn rend hommage à tous ces héros morts au champ d'honneur à la synagogue de la rue Notre-Dame-de-Nazareth :

> « Vous n'avez pas oublié les noms si honorables du commandant Bernard, du commandant Cahen, du lieutenant Kahn, du sous-officier Bloch, dont les derniers moments ont

été adoucis par une glorieuse récompense, du jeune Leser, enfant de 18 ans, mort en héros, et du capitaine Brandon… Gardons-nous toutefois de plaindre ceux qui sont tombés ! Ils sont morts victimes d'un grand devoir, et il est beau de mourir ainsi. »

Plus tard, on dira, à propos des commandants Franchetti et Cahen, « c'est l'israélitisme tout entier qui se trouve honoré par une telle vie et surtout par une telle mort : l'éclat en rejaillit sur nous tous… ».

Que de morts !

Ce patriotisme des juifs trouva, en 1914, un nouveau moyen de s'illustrer et de montrer le dévouement des israélites français de France, des juifs français d'Algérie et des juifs étrangers ayant choisi la patrie de l'émancipation et de Victor Hugo pour se battre et mourir pour la France.

Que de morts ! Entendons ces chiffres : en 1914 en France, pour une population juive de 190 000, il y aura 37 000 combattants, 7 500 morts pour la France, soit 20 % d'entre eux, là où la glaçante moyenne nationale est de 16 %.

Dans l'armée de carrière, des généraux prennent leur commandement, tels les généraux de division Heymann, Valabrègue, les généraux de brigade Brisac, Dennery, Grumbach et Alexandre. Les Alsaciens et les Lorrains, dont les parents ont « choisi la France » en 1871, ne sont pas les derniers. Et dans ces provinces annexées, 600 juifs devenus allemands désertent pour rejoindre les rangs français.

12 000 juifs français d'Algérie sur 65 000 sont mobilisés dans les régiments les plus durs et les plus décorés, zouaves, tirailleurs algériens, 2 400 meurent au combat.

Parmi les 30 000 juifs étrangers, 8 500, majoritairement russes, roumains, polonais, saloniciens, s'engagent dès août 1914 et sont affectés aux 1er et 2e régiments de marche de la Légion étrangère qui, en mai 1915, lors des combats de Carency, perdent les deux tiers de leurs effectifs, dont 900 juifs. Plus de 1 600 d'entre eux mourront pour la patrie. Parmi ces juifs étrangers héroïques, un jeune sous-lieutenant d'aviation du nom de Joseph Kessel se distingue, il est décoré de la croix de guerre et obtient la nationalité française, comme tous ces héros étrangers, pour services rendus à la patrie.

Les élèves des grandes écoles, toutes origines confondues, accomplissent leur devoir d'officier: 908 polytechniciens sont tués dont 6 % de juifs, et 5 % des normaliens tués aux combats sont juifs, quand les juifs ne représentent que 0,5 % de la population française.

Certaines familles firent leur devoir et sans doute un peu plus.

Le capitaine Alfred Dreyfus, celui de l'Affaire, devenu commandant, rejoint l'artillerie et combattra à Verdun. Son fils, le lieutenant Pierre Dreyfus, combattra du 7 août 1914 jusqu'au 11 novembre 1918 d'Altkirch, baïonnette au canon, à Douaumont et jusqu'à la Champagne et l'Alsace libérée. Il reviendra décoré de la croix de guerre avec trois citations et de la Légion d'honneur. Émile Dreyfus, le fils unique de Mathieu, premier défenseur de son frère Alfred, lieutenant au 32e d'artillerie, est blessé à mort devant Mourmelon-le-Grand en septembre 1915 et cité à l'ordre de l'armée par le général Joffre.

Les trois fils de Jacques Dreyfus, frère aîné d'Alfred, sont mobilisés: Maurice et Charles tombent pour la France dès 1914, un seul survivra, René, l'un des aviateurs les plus décorés de la Grande Guerre. Il mourra assassiné à Auschwitz.

Lorsque l'on franchit la porte de l'hôtel de Camondo, au 63, rue de Monceau, sur une plaque on découvre que ce musée a été légué à la France par le comte Moïse de Camondo:

> « En souvenir de son Fils
> Nissim de Camondo
> 1892-1917
> Lieutenant au 2e groupe d'aviation
> Tombé en combat aérien
> Le 5 septembre 1917 »

Le sénateur Pierre Masse, capitaine héroïque d'infanterie, ancien sous-secrétaire d'État à la Justice militaire en 1917 qui eut Pétain sous ses ordres, lui écrivit dès le 20 octobre 1940 à la suite de la publication de l'infâme « statut des juifs » de l'État français du 3 octobre:

> « J'ai lu le décret qui déclare que les israélites ne peuvent plus être officiers, même ceux d'ascendance strictement française. Je vous serais obligé de me faire dire si je dois aller retirer leurs galons à mon frère, sous-lieutenant au 36e régiment d'infanterie, tué à Douaumont en avril 1916,

> à mon gendre sous-lieutenant au 14e régiment de dragons portés, tué en Belgique en mai 1940, à mon neveu, Jean-Pierre Masse, lieutenant au 23e colonial, tué à Rethel en mai 1940. Puis-je laisser à mon frère la médaille militaire gagnée à Neuville-Saint-Vaast avec laquelle je l'ai enseveli ? Mon fils Jacques, sous-lieutenant au 62e bataillon de chasseurs alpins, blessé à Soupir en juin 1940, peut-il conserver son galon ? Suis-je enfin assuré qu'on ne retirera pas rétroactivement la médaille de Sainte-Hélène à mon arrière-grand-père ? »

Arrêté en août 1941, le sénateur Pierre Masse est emprisonné tour à tour à Drancy, à Compiègne, à la Santé et à nouveau à Drancy, d'où il est déporté pour Birkenau par le convoi 39 pour y être assassiné.

Ma famille, comme chaque famille juive en France, compte ses héros et ses morts au combat des trois guerres. Les deux grands-pères de ma grand-mère, Victor Klotz et Julien Hayem, furent volontaires dans les gardes nationaux pour défendre Paris en 1870. Leurs fils se battront tous comme officiers de réserve en premières lignes en 1914-1918. Les deux oncles de ma grand-mère, le capitaine Émile Hayem et le lieutenant Henri Hayem, tombent au combat dans les charges héroïques d'août 1914 et de février 1915. Henry et Georges Klotz, le père et l'oncle de ma grand-mère, l'un lieutenant-colonel, l'autre capitaine, officiers de la Légion d'honneur à titre militaire, se couvrirent de gloire. Ils furent tous deux assassinés comme juifs en août 1944, Henry dans une annexe de Drancy, Georges à Auschwitz-Birkenau avec sept des siens.

Mon grand-père Jacques Heilbronn s'engagea au 31e d'infanterie le jour de ses 17 ans ; blessé, il reçut la croix de guerre et la médaille militaire à 18 ans. Son frère, le lieutenant Pierre Heilbronn, trois fois blessé, reçut la croix de guerre avec six citations et fut fait chevalier de la Légion d'honneur à 23 ans. Volontaire en 1940 malgré son âge, il fut tué à l'ennemi le 9 juin 1940 en défendant la Seine ; proposé pour devenir officier de la Légion d'honneur à titre posthume, il ne fut jamais promu, le « statut des juifs » l'en empêcha.

En 1944, mon grand-oncle François Klotz, lieutenant parachutiste, croix de guerre, médaille militaire, Silver Star Medal, médaille de la Résistance, et un cousin de mon père, Hubert de la Fressange, croix de guerre et médaille militaire, tomberont au combat pour la France. Mon oncle Didier Heilbronn reçut la croix de guerre à 18 ans pour son héroïsme dans les combats des Vosges et d'Allemagne au sein du prestigieux bataillon de choc parachutiste.

Chaque famille juive française ou étrangère en France, comme tous les autres français, a ses héros et ses morts. Charles Péguy l'avait bien compris et sa veuve Charlotte fit apposer en 1935 cette plaque toujours visible à la grande synagogue de la Victoire à Paris :

> « J'aimerais que le nom de mon mari Charles Péguy soit joint à ceux des israélites qui ont donné comme lui leur vie pour la France. »

Aux premiers rangs de la Résistance

Dès la déclaration de guerre, le 3 septembre 1939, près de 50 000 juifs rejoignent l'armée française, soit 17 % des juifs présents en France et en Algérie, là où la mobilisation de l'ensemble des Français ne concerna que 6 % d'entre eux.

18 000 juifs français de France et près de 10 000 juifs français d'Algérie sont mobilisés. Plus de 25 000 volontaires juifs étrangers de 24 nationalités s'engagent dans l'armée française aux 21e et 22e régiments de marche de volontaires étrangers. Comble de l'absurde, les réfugiés juifs allemands et autrichiens souhaitant s'engager furent eux internés comme « ressortissants d'une puissance ennemie » !

Parmi tous ces combattants juifs, plus de 2 000 tomberont au combat et 15 000 d'entre eux seront faits prisonniers de guerre.

En France, individuellement ou collectivement, les juifs ont été aux premiers rangs de la Résistance, dans les réseaux, les maquis comme dans les Forces françaises libres.

Dans les Forces françaises libres, ils furent parmi les premiers à rejoindre de Gaulle, qui, évoquant ses premiers compagnons, aura ces mots : « Qu'avais-je comme Français autour de moi ? Des juifs lucides, une poignée d'aristocrates, tous les braves pêcheurs de l'île de Sein. »

J'en citerai quelques-uns illustres : René Cassin, André Weil-Curiel, Georges Boris, le docteur André Lichtwitz, Maurice Schumann, Lazare Rachline, Jacques Bingen, Jean Pierre-Bloch. Mais aussi Pierre Mendès France, Romain Gary, Joseph Kessel, Max Guedj, Jean-Louis Crémieux, Raymond Aron et tant d'autres.

Dans les Forces françaises libres combattantes, plus de 4 % étaient juifs et plus de 7 % des 1 038 compagnons de la Libération étaient d'origine juive, là où les juifs représentaient moins de 0,7 % des Français en 1939. Le premier français à avoir été décoré dans cet ordre fut le sous-lieutenant Robert Weil. Après leur guerre héroïque, certains compagnons de la Libération s'illustrèrent : François Jacob, Prix Nobel de médecine, José Aboulker, professeur de médecine, Pierre Louis-Dreyfus, armateur, Jean Rosenthal, président du Conseil représentatif des institutions juives de France (Crif), Romain Gary, écrivain et deux fois Prix Goncourt ou René Cassin, Prix Nobel de la paix.

Dans la Résistance nationale intérieure, de nombreux chefs de réseaux étaient juifs. Jean-Pierre Lévy fonda et dirigea *Franc-Tireur*, dont les adjoints étaient Georges Altman et Pierre Bernheim. Le grand historien Marc Bloch fut un des chefs des MUR (4) en région lyonnaise avant d'être fusillé. Les fondateurs de l'un des premiers réseaux de résistance, celui du musée de l'Homme, étaient Boris Vildé et Anatole Lewistky, fusillés au Mont-Valérien. Raymond Aubrac, de son vrai nom Samuel, était un des dirigeants clés de Libération-Sud, comme Albert Kohan et Serge Asher (Ravanel). Pour Combat, nous pouvons citer Benjamin Crémieux, Madeleine Lévy (petite-fille d'Alfred Dreyfus) et Roland Sadoun.

Grâce à Serge Klarsfeld, nous savons que 174 résistants et opposants fusillés au Mont-Valérien étaient juifs, soit près de 17 % des fusillés.

Le 8 novembre 1942, parmi les près de 400 Français d'Algérie dirigés par José Aboulker, qui capturèrent les principaux postes de commandement à Alger et permirent la réussite du débarquement anglo-américain de novembre 1942, 90 % d'entre eux étaient juifs.

Au sein des FTP-MOI (5), dirigés par Joseph Epstein et Adam Rayski, la grande majorité de ces résistants héroïques étaient juifs. Sur les 23 condamnés à mort de l'Affiche rouge, 12 d'entre eux étaient juifs. Ils furent honorés avec leur chef l'Arménien Missak Manouchian au Panthéon ce 21 février 2024, 80 ans après que 22 d'entre eux ont été fusillés au Mont-Valérien : « Vingt et trois qui criaient la France en s'abattant. »

À la tête des mouvements politiques de la Résistance, nombreux étaient juifs. Daniel Mayer dirigeait le Parti socialiste clandestin. Parmi les communistes, Maurice Kriegel-Valrimont les représentait au sein des MUR, Pierre Villon (Ginsburger) représentait les FTP au CNR (6), et Georges Politzer organisa la Résistance universitaire.

Sans oublier ces grands hommes, acteurs et symboles de la résistance morale et politique, qui furent tous assassinés, sauf Léon Blum : Pierre Masse, ancien ministre, Victor Basch, cofondateur de la Ligue des droits de l'homme, Jean Zay, ancien ministre de l'Éducation, Georges Mandel, ancien ministre de l'Intérieur et Léon Blum, ancien président du Conseil.

Il y eut, comme dans de nombreux pays occupés, une vraie Résistance juive, organisée et combattante.

Cinq grandes organisations juives se sont particulièrement illustrées, l'Organisation juive de combat, les Éclaireurs israélites de France, le Mouvement de la jeunesse sioniste (MJS), l'Œuvre de secours aux enfants et l'aumônerie du Consistoire central, qui ensemble ont sauvé plus de dix mille enfants juifs.

L'armée juive créée en janvier 1942 et devenue l'Organisation juive de combat, dont Jacques Lazarus prit le commandement militaire d'un maquis juif dans le Tarn en 1943, fut précurseur dans le combat armé. Les résistants de la Sixième des Éclaireurs israélites dirigés par Robert Gamzon créèrent leur propre maquis dans le Tarn entre Vabre et Lacaune et participèrent, comme les combattants du MJS, aux combats pour la libération de la France, notamment ceux de la libération de la ville de Castres et jusqu'en Allemagne. Nombre d'entre eux périrent armes à la main ou furent déportés ou exécutés : lieutenant Gilbert Bloch, Marc Haguenau, Ariane Knout, Freddy Salomon…

En parcourant les cahiers de marche des régiments parachutistes de la France libre, les noms d'origine juive représentent plus de 10 % des effectifs. Ils sont nombreux aussi en parcourant les listes des réseaux de renseignement et d'action des services secrets. Évoquons trois compagnons de la Libération parachutistes. Le premier fut le capitaine René-Georges Weill, commandant en second de la première unité parachutiste de la France libre, la 1re compagnie d'infanterie de l'air, il trouva une mort héroïque après un parachutage où, tombé aux mains de la Gestapo, il préféra se suicider. Le deuxième est le commandant Jean-Salomon Simon, commandant en second du 3e régiment de chasseurs parachutistes (RCP) qui, parachuté aux Pays-Bas, y trouva une mort glorieuse dans des combats féroces. Le troisième est Jean Rosenthal, qui fut parachuté pour diriger le maquis des Glières et après-guerre fut président du Crif.

Dans *Le Bataillon du ciel,* son roman hommage aux parachutistes de la France libre, Joseph Kessel conclut par cette phrase : « Ben Sassem y fut tué et les parachutistes comprirent seulement alors à quel point ils avaient aimé leur petit docteur levantin. Presque autant que le capitaine Ferrane. » Ce personnage fut inspiré à Kessel par le capitaine Meyer Sassoon du 2e RCP, juif égyptien né à Alexandrie et mortellement blessé dans les Ardennes le 24 décembre 1944.

Pour conclure, je souhaiterais rappeler la mémoire du pilote le plus décoré des Forces aériennes françaises libres, le commandant Max Guedj, né à Sousse en Tunisie. Il fut abattu en mer en janvier 1945 au large des côtes de Norvège. Il était compagnon de la Libération. Un autre héros de l'aviation française, le capitaine Pierre Clostermann, lui rendra cet hommage :

> « Le plus grand, le plus brave, le plus chic de tous ceux des Forces aériennes françaises libres, l'extraordinaire pilote aux 127 missions de torpillage, l'homme qui a fait pour le prestige français plus que les ambassadeurs, les conférenciers et les artistes. »

Avant d'affronter une mort presque certaine, deux héros patriotes français d'origine juive rédigent une dernière lettre à leurs mères. Peut-être dans cet ultime message nous transmettent-ils les raisons profondes de leur engagement et sacrifice héroïques pour leur patrie ?

En mars 1917, le lieutenant Georges Lévy écrit à sa mère avant de tomber au combat :

> « … Si cette lettre te parvient, c'est que je ne serai plus. Certes, ce n'est pas très gai de mourir à 22 ans, mais tu pourras être fier de moi… J'aurais fait mon devoir et, pour un israélite, c'est deux fois plus beau. »

Jacques Bingen, un juif français d'origine italienne, va remplacer Jean Moulin après son arrestation comme délégué général pour la Résistance de décembre 1943 à avril 1944. Capturé par la Gestapo en mai 1944, il s'évade, puis, repris, préfère se suicider plutôt que de risquer de parler. Il a lui aussi écrit à sa mère une dernière lettre en août 1943 avant d'être envoyé en mission :

> « … Je veux lutter dangereusement pour les idéaux de liberté qui, tu le sais, m'ont toujours inspiré. J'ai acquis dans l'épreuve un amour de la France plus fort, plus immédiat,

> plus tangible que tout ce que j'ai éprouvé autrefois quand la vie était douce et, somme toute, facile. Et voici que mon départ, par une chance inattendue, peut servir la France autant que beaucoup de soldats… Enfin, accessoirement, j'ai la volonté de venger tant de juifs torturés et assassinés par une barbarie dont l'histoire n'offre pas de précédent. Il est bon qu'un juif de plus, il y en a tant déjà si tu savais ! prenne sa part entière dans la libération de notre patrie… »

De Charles Haas à Joseph Kessel, de Jacques Bingen à Max Guedj, tant de patriotes juifs français et étrangers furent « en pointe, toujours », et de tous les combats pour que « vive la France ».

1. Philippe-Efraïm Landau, « Les Juifs de France et la guerre de 1870-1871 », *Archives juives*, 2004.
2. *Idem.*
3. *Idem.*
4. MUR : Mouvements unis de la Résistance.
5. FTP-MOI : les Francs-tireurs et partisans-Main-d'œuvre immigrée sont les unités de sabotage de la Résistance intérieure française communiste.
6. CNR : Conseil national de la Résistance, dirige et coordonne les différents mouvements de la Résistance intérieure française à partir de la mi-1943.

La révolution de la vie : l'engagement des médecins et savants juifs

Perrine Simon-Nahum

Des moments glorieux de leur histoire, les juifs français ont tendance à retenir en premier lieu la Révolution française et la synthèse unique à laquelle celle-ci donna lieu dans leur vie politique et sociale de la nation. Il suffit de rappeler le rôle qui fut le leur dans le développement économique de la France sous la monarchie de Juillet et le Second Empire, leur contribution comme fondateurs des sciences historiques et religieuses qu'ils firent rayonner depuis leurs chaires du Collège de France ou de l'École pratique des hautes études et enfin leur contribution politique et sociale à la République. Ce faisant, les juifs n'eurent pas le sentiment de renoncer à la part juive de leur identité mais s'attachèrent à la reformuler selon des principes qui permettaient à la tradition et à la modernité de s'accorder. Ces réinterprétations font désormais l'objet de travaux historiographiques (1).

Perrine Simon-Nahum est historienne et philosophe. Dernier ouvrage publié : *Sagesse du politique. Le devenir des démocraties* (L'Observatoire, 2023).

Il est une autre révolution, plus actuelle celle-là, dans laquelle les juifs ont pris toute leur part : la révolution de la vie, conçue à la fois sur le plan biologique et éthique. On les trouve en effet en majorité parmi ceux qui formulèrent au tournant du second XXe siècle un nouveau concept de vie. Telle est l'hypothèse qui conduira cette analyse, à savoir que le rôle de pionniers que jouèrent ces savants dans l'apparition d'un nouveau concept de vie biologique s'éclaire à la fois de l'absence de dogme attaché à cette notion dans la tradition juive ainsi qu'à l'accent mis sur le libre arbitre de l'individu. À quoi s'ajoute la manière dont le judaïsme a choisi depuis le XIXe siècle en France de s'identifier à une pratique humaniste des sciences.

Redéfinir la vie

Ce n'est pas un hasard si le nouveau paradigme de vie émerge juste après la Seconde Guerre mondiale et les persécutions qui l'accompagnèrent. Certes, les découvertes scientifiques ont leur temporalité propre et on rappellera ici le coup de tonnerre que représenta au début des années cinquante la découverte par Francis Crick et James Watson de la double hélice d'ADN. Lorsqu'elle intervint, un certain nombre de scientifiques et des médecins français travaillaient dans ce champ de recherche en dépit de l'important retard pris par la France, puisqu'il fallut attendre 1945 pour voir la création d'une chaire de génétique, contre l'avis de la plupart des biologistes, gagnés au néo-lamarckisme ambiant. Les médecins et scientifiques qui accueillirent cette révolution étaient pour une grande partie issus du judaïsme. On peut citer les noms de Boris Ephrussi, Eugène Wollman, Jean Dalsace et, à la génération suivante, François Jacob, Pierre Simon ou Pierre Vellay (2). Pourchassés par les nazis qui les vouaient à l'extermination et engagés dans la Résistance (François Jacob sera fait compagnon de la Libération), ceux-ci sortent de la guerre persuadés que les institutions ont failli à leur mission : permettre à l'homme d'exprimer le meilleur de son humanité. Les partis comme les Églises ou les autorités morales se sont montrés incapables de protéger leurs semblables et, pour la plupart, compromis dans une vision anti-humaniste et totalitaire. À cela s'ajoute l'attachement qu'ils professent à une morale traditionaliste, au nom de laquelle ils s'opposent aux avancées nouvelles de la science. S'engager dans ce domaine signifie alors renverser les interdits. Ce que résume François Jacob : « Faire de la génétique, c'était refuser l'intolérance et le fanatisme. (3) » Dans l'article qu'il leur consacre, Michel Morange rappelle l'aspect « surréaliste » que revêt encore dans les années soixante le débat sur l'évolution dans un monde scientifique où le modèle de la biologie moléculaire se voyait contesté à la fois par le lyssenkisme produit par la science soviétique et véhiculé par le Parti communiste (4), mais également par un catholicisme empruntant aux accents du jésuite Pierre Teilhard de Chardin (5).

Cet héritage juif puise autant dans une conception non dogmatique que la tradition juive donne de la vie biologique que dans une histoire personnelle. La plupart d'entre eux ont rappelé le rôle joué par le milieu familial dans la naissance de leur vocation et d'un engagement en faveur du bien-être de l'humanité. Détachés de toute croyance, ils retiennent avant tout du judaïsme son projet éthique. Celui-ci les conduit à remettre en cause un ensemble de croyances et de tabous attachés à l'idée chrétienne d'une sacralisation de la vie. Conçue comme un don de Dieu, celle-ci est considérée par l'Église comme un mystère dont l'homme serait avant tout le réceptacle passif, même lorsqu'elle se présente sous un aspect corrompu qui la rend difficilement vivable. La compréhension ouverte d'une tradition appelant à l'exercice d'un esprit critique, mais aussi le souvenir des manipulations génétiques effectuées par les nazis les persuadent que le progrès scientifique ne saurait être soumis à aucun dogme ou idéologie. Ils pressentent que c'est de la science que viendra la révolution. « On sentait la terre trembler du côté de la biologie. De toute évidence, d'importants événements se préparaient. (6) » Appliquée à la vie biologique, cette conception signifie deux choses : d'une part qu'il n'y a rien dans le « mystère » de la vie qui ne relève d'une explication par la science, d'autre part que le projet d'une vie se sculpte non dans l'isolement d'un moi intérieur mais dans la manière dont celle-ci se relie à son environnement pour le modeler en retour. Les historiens de la biologie ont ainsi relaté comment les recherches engagées au sein de l'Institut Pasteur redéfinissent le vivant en le rapportant aux informations contenues dans les gênes, imposant la théorie du code génétique comme « théorie générale des systèmes vivants ». Ces découvertes seront saluées en 1965 par l'attribution du prix Nobel de médecine à trois savants français, François Jacob, André Lwoff et Jacques Monod (7). Leurs trois ouvrages parus entre 1969 et 1970, *L'Ordre biologique* (Lwoff), *Le Hasard et la nécessité* (Monod) et *La Logique du vivant* (Jacob), viendront mettre en perspective la manière dont cette nouvelle conception de la vie biologique impacte l'ensemble de la société et ses perspectives de développement.

Donner la vie

Tel est le cas précisément dans un domaine mitoyen de la recherche fondamentale – la conception et le contrôle des naissances –, où deux disciplines, l'endocrinologie et la gynécologie, vont jouer un rôle fondamental. S'ils invalident les explications métaphysiques de la vie, les scientifiques demeurent conscients de la nécessité d'adosser le développement de la connaissance à un système de valeurs, seul capable de fournir un sens à nos existences. L'impulsion vient également de découvertes scientifiques, mais le mouvement diffère de celui de la recherche fondamentale dans la mesure où la maîtrise de la fécondation repose sur la distribution des rôles sexuels et les représentations en œuvre dans les sociétés. Il ne suffit pas de savoir que les techniques existent et qu'elles ont fait la preuve de leur efficacité. Le plus difficile est de les faire accepter par le corps social, ce qui suppose à l'époque une révolution des esprits. Les médecins en ont conscience. La diffusion de la contraception et la dépénalisation de l'interruption volontaire de grossesse à travers l'abolition de la loi de juillet 1920 passent par une véritable révolution sociale. Celle-ci ne touche pas seulement au statut de la femme et à la maîtrise de son corps. Elle met à bas le vieux système patriarcal et ébranle la hiérarchie sociale. Plus profondément encore, elle ouvre la voie à la reconnaissance des droits de l'individu face au collectif et met chacun en demeure de trouver en lui-même le sens de sa destinée au sein d'un collectif dont il est désormais libre de s'extraire au moins en partie. La modification de la fonction sexuelle ne se contente pas de bouleverser les relations entre les hommes et les femmes ; elle renouvelle la vision que les cultures ont d'elles-mêmes, à travers une nouvelle conception de la famille, des institutions, du pouvoir.

L'un des pionniers en ce domaine fut le docteur Jean Dalsace. Né en 1893 au sein d'une famille juive d'Épinal, il prend en 1923 la direction du laboratoire du grand gynécologue Edmond Lévy-Solal et collabore avec le professeur Louis Funck-Brentano. La présence précoce de médecins juifs dans les spécialités telles que la gynécologie indique la liberté d'approche qui est la leur concernant le traitement des femmes et des couples auquel rechigne une grande partie du corps médical, prisonnier dans une morale d'un autre âge. En 1932, Jean Dalsace fonde, avec la future résistante Berty Albrecht, l'Association d'études sexologiques et s'engage en faveur de l'abrogation de la loi de 1920. Membre du PCF qu'il quittera en 1956, il est poursuivi à ce double titre pendant la guerre par les Allemands. Il se réfugie alors dans l'Allier où il fonde un hôpital pour les combattants FFI. Dans les années cinquante et soixante, il devient l'une des chevilles ouvrières du combat pour la contraception, mené par le Mouvement français pour le planning familial.

C'est vers le dessin d'une nouvelle société que conduit la révolution contraceptive, trop souvent réduite au seul thème de la libération de la femme. C'est pourquoi la dimension politique va être alors d'emblée prise en considération. Non pas à travers les institutions, réfractaires à tout changement de l'ordre social, mais d'un point de vue sociologique, dans la manière dont l'endocrinologie régit les rapports entre individus. Science des hormones, qui révèle combien la physiologie humaine est liée à son environnement, c'est elle qui amène Pierre Simon à la pratique de la gynécologie et de l'obstétrique. Là aussi pour changer la société. « À cette couture entre l'intime et l'universel, aux lisières du mental et du physiologique, on découvrit (…) dans les années de l'après-guerre qu'il était possible d'intervenir. (8) »

Intervenir, c'est faire front contre les « nationalistes de la souffrance » (9), permettre aux femmes d'échapper à l'enfer auquel les réduisent ceux qui entendent à la lettre le commandement biblique « tu enfanteras dans la douleur ». Le groupe Littré, cercle de médecins libres penseurs, est créé en 1953 ; son but est de diffuser, depuis Genève, pour échapper à la loi française, le fait contraceptif dans l'ensemble des pays francophones. Dès 1956, ses efforts rencontrent l'action de Marie-Andrée Lagroua Weill-Hallé, que la guerre et la pratique médicale ont sensibilisée aux difficultés rencontrées par les couples durant le processus de maternité. D'ascendance catholique, elle a épousé Benjamin Weill-Hallé, pédiatre et bactériologiste, dont le père, Emmanuel Weill, alsacien, avait opté pour la France après la guerre de 1870 et devint rabbin de Versailles puis de la synagogue de la rue Buffault à Paris. Le 5 mars 1955, au cours d'une communication à l'Académie des sciences morales et politiques, elle propose la création de « centres d'eugénique » pour aider les jeunes couples à gérer leur fécondité, calqués sur le modèle de la clinique de la Fédération américaine de parenté planifiée, créée illégalement par M. Sanders en 1916 (10). Un an plus tard, elle fonde avec la sociologue protestante Évelyne Sullerot la « Maternité heureuse », qui, fusionnant en 1960 avec le groupe Littré, prend le nom de Mouvement français pour le planning familial. Elles sont rejointes dès 1956 par Pierre Simon, à la tête du collège médical, puis par Yvonne Dornès et Anne-Marie Dourlen-Rollier, la première apparentée à Jules Ferry, la seconde descendante d'un grand-père ami de Clemenceau, qui soigna les communards (11).

Si la société commence à évoluer, les institutions et les partis demeurent des adversaires résolus, à gauche comme à droite. Du Parti communiste à l'Église, même combat, même si leurs motifs diffèrent. La cause des femmes reçoit pourtant l'appui de précieux alliés. La presse d'abord, par le biais de Claudine Escoffier-Lambiotte, chroniqueuse médicale au *Monde,* et de Jacques Derogy à *L'Express* ; certains parlementaires ensuite, venus des rangs du parti radical-socialiste et de la SFIO ou de clubs de pensée, comme le Club des jacobins, né en 1951 de l'amitié entre Charles Hernu et Pierre Simon ; puis, au moment de la préparation de la loi, des francs-maçons de la Grande Loge de France, au sein de laquelle s'élabore la rédaction de ses attendus. La présidentielle de 1965 va faire de la contraception un thème du débat public. C'est des rangs gaullistes que surgit celui qui portera la future loi. Lucien Neuwirth est, lui aussi, modelé par le souvenir de la guerre et des exploits accomplis. Il a rejoint Londres et les Forces françaises libres à l'âge de 17 ans. Fusillé par les Allemands, son portefeuille laissé dans sa poche gauche arrête la balle qui allait droit au cœur. Il sait désormais le prix de la vie. Devenu député en 1958, Neuwirth prend dès son arrivée au Parlement contact avec les artisans du Planning familial. La suite de l'histoire est connue : une première tentative en 1964 et le combat final de 1967. On oublie aussi que c'est paradoxalement en fervent catholique, au nom d'un don de la vie défini comme un « acte lucide », que le général de Gaulle donna son aval au projet de loi.

De la révolution de la vie au moment du vivant

Derrière l'accès à la contraception, l'abolition de la loi de 1920 était en réalité l'objectif dès le départ. Les mêmes qui conçurent la loi sur la contraception rédigèrent le texte de celle sur l'interruption volontaire de grossesse. Après Mai 68, le « rapport sur le comportement sexuel des Français », dit « rapport Simon », mis en chantier en 1969, eut pour but de rompre avec la morale sexuelle traditionnelle et d'amener la société à un état de maturité auquel feraient écho les nouveaux comportements. Au même moment, Anne-Marie Dourlen-Rollier, Raoul Palmer et Pierre Simon fondèrent l'Association nationale pour l'étude de l'avortement. L'ANEA comprenait là encore un grand nombre de membres juifs : Raoul Palmer, Jean Dalsace, Pierre Simon, Jacqueline Kahn-Nathan, Eugène Minkowski. Les quatre Prix Nobel en firent également partie (12). La loi fut, on le sait, portée par la nouvelle ministre de la Santé, Simone Veil, qui, ancienne déportée, magistrate, y vit la continuité de son engagement pour le droit des femmes dans les prisons et dont la voix força le respect (13). Ce vote signala un choc entre deux mondes. La révolution de la vie se poursuivra à travers la création des Cecos, centres d'étude et de conservation des œufs et du sperme humains, le don d'organes et la fondation de l'Association pour le droit de mourir dans la dignité, tous à l'actif de Pierre Simon. Les années quatre-vingt connaîtront la révolution majeure de la procréation médicalement assistée (PMA), marquée par l'accès des couples infertiles au don de la vie. Technique mise au point par le professeur René Frydman, dont on sait qu'elle a connu depuis quarante ans des élargissements dus à des avancées scientifiques comme la congélation d'ovocytes ou le diagnostic préimplantatoire. Citons encore la révolution liée à la cartographie du génome que l'on doit au généticien Daniel Cohen ou la mise au point du RU 486 par Étienne-Émile Baulieu.

De la vie au vivant, où en sommes-nous aujourd'hui ? La question se pose en effet de savoir si la substitution d'un terme à l'autre n'a pas conduit, en même temps qu'à un élargissement, à une forme de dessaisissement de l'action humaine sous couvert d'une responsabilité élargie à l'ensemble de l'humanité et pour les siècles à venir. Bichat définissait au XVIIIe siècle la vie comme les forces qui résistent à la mort. François Jacob reconnaissait qu'il était impossible de s'y référer sans l'investir d'un sens abstrait. La leçon que nous livrent les pionniers de la révolution de la vie, dont nous vivons encore les prolongements aujourd'hui, tient sans doute dans la nécessité de s'interroger sur la responsabilité de l'humanité qui en a désormais la gestion.

1. Je me permets de renvoyer à mes propres travaux, *Les Juifs et la modernité*, Albin Michel, 2018.
2. Jacques Monod, lui, est protestant et communiste. Il ne rompra avec le parti qu'au moment de l'affaire Lyssenko, en 1948.
3. François Jacob, *La Statue intérieure*, Odile Jacob, « Poches », 1987, p. 234.
4. Du nom de l'ingénieur Trofim Lyssenko ; Staline imposa le lyssenkisme comme vérité scientifique.
5. Michel Morange « Un moment biologique de la fin des années 1960 », in *Une nouvelle connaissance du vivant. François Jacob, André Lwoff et Jacques Monod*, sous la direction de Claude Debru, Michel Morange et Frédéric Worms, Éditions Rue d'Ulm, 2012, p. 55-66.
6. François Jacob, *La Statue intérieure*, *op. cit.*, p. 264.
7. Michel Morange, *Histoire de la biologie moléculaire*, Éditions La Découverte, « Histoire des sciences », 1994.
8. Pierre Simon, *De la vie avant toute chose*, Éditions Mazarine, 1979, p. 39.
9. *Idem*.
10. Laurent Kupferman et Emmanuel Pierrat, *Ce que la France doit aux francs-maçons*, First document, 2012, p. 211.
11. *Idem*, p. 212.
12. Il s'agit de François Jacob, André Lwoff, Jacques Monod et Alfred Kastler.
13. François Jacob, *La Logique du vivant*, Gallimard, 1970, p. 320.

Simone Veil, la douloureuse rebelle

Christine Clerc

La tête entre les mains, comme pour cacher ses larmes. Il est 3 heures du matin ce 27 novembre 1974. Au premier rang de l'hémicycle, la ministre de la Santé Simone Veil, 47 ans, à qui le président Valéry Giscard d'Estaing et le Premier ministre Jacques Chirac ont confié le soin de défendre, devant une Assemblée de 481 hommes et 9 femmes, le projet de loi sur l'interruption volontaire de grossesse (IVG), semble sur le point de craquer. Un député ne l'accuse-t-il pas de vouloir « jeter des bébés au four crématoire » ? Mais elle se relève. Durant trois jours et trois nuits, elle défendra son texte – avec, dit-elle, « un profond sentiment d'humilité, mais une totale détermination, au nom des 300 000 femmes qui se font avorter chaque année en France ». La « loi Veil » sera adoptée par 284 voix contre 189. « Je suis fatiguée, dira-t-elle en voyant sa photo "historique" en chemisier de soie bleu roi. Mais non, je ne pleure pas ! »

Christine Clerc est journaliste. Dernier ouvrage publié : *Domenica la diabolique* (Éditions de l'Observatoire, 2021).

Toute sa vie, ce fut sa devise. Elle a 13 ans et son père, architecte, a décidé de quitter Paris avec femme et enfants pour s'installer à Nice, lorsque le maréchal Pétain édicte un décret-loi obligeant les juifs à se déclarer. André Jacob s'exécute… et perd le droit d'exercer sa profession.

Simone enrage de voir son père se soumettre et sa mère se priver de tout. Elle en a 16, et l'on remarque sa beauté d'adolescente aux yeux verts, lorsque la Gestapo arrive sur la Côte d'Azur. Munie de fausses cartes d'identité, la famille se sépare. Le 30 mars 1944, Simone va rejoindre ses camarades pour fêter la fin du baccalauréat lorsque deux Allemands s'approchent : « *Kontrolle!* » Elle est embarquée. À l'hôtel Excelsior, elle retrouve sa mère, sa sœur Milou et son frère Jean. « Au fond de moi, confiera-t-elle (1), je savais qu'on était arrivés au bout du chemin. » Elle n'est qu'à l'entrée de l'enfer.

Le 13 avril à 5 heures du matin, les trois femmes sont poussées dans un wagon à bestiaux. Le voyage dure deux jours. Il fait nuit quand le convoi s'arrête. Aboiements des chiens, projecteurs aveuglants. Avant d'arriver à la table où des SS opèrent un tri, Simone entend : « Dis que tu as 18 ans. » Elle n'en a pas 17, mais cela va lui permettre de rester avec sa sœur et sa mère. « Toi, lui lance une kapo polonaise, tu es trop belle pour mourir ici ! » Le trio est transféré près de Birkenau. Avec un bol de soupe par jour, on y travaille très dur à la construction d'une usine. Simone Jacob, sa mère et sa sœur vont y rester jusqu'au 18 janvier 1945. Ce jour-là, le commandement allemand donne l'ordre d'évacuer le camp. Elles entament la « marche de la mort ». Par -30 degrés, vêtues de hardes, elles vont faire soixante-dix kilomètres à pied, avant de souffrir durant huit jours dans un train à ciel ouvert jusqu'à Bergen-Belsen. Simone est affectée aux cuisines. Lorsqu'elle regagne leur baraque, sa sœur lui annonce : « Maman est morte. » L'adolescente ne peut même pas pleurer. Juste se répéter les derniers mots d'Yvonne : « Ne veuillez jamais le mal pour les autres. Nous savons trop ce que c'est ! »

Son grand regret : la contraception oubliée

Jamais elle n'oubliera ce testament. On la verra souvent en colère. Contre Jean-Marie Le Pen, qui la baptise « la tricoteuse ». Mais aussi contre François Bayrou, à qui elle remettra sa démission de l'UDF le jour où il s'exclamera : « Avec vos idées gauchisantes, vous allez faire fuir notre électorat ! (2) » Contre les députés européens du RPR, qui ne cesseront, lorsqu'elle sera la première femme présidente du Parlement européen, de la contester. Contre toutes celles et tous ceux qui négligeront, sa loi sur l'IVG votée, de mettre en place tous les moyens pour développer la contraception. Et même contre Nicolas Sarkozy dont elle prendra, en

2007, la tête du comité de soutien. Je revois son visage fermé, à la table d'honneur d'un dîner du Conseil représentatif des institutions juives de France (Crif) le 13 février 2008, lorsque le président de la République lança sa proposition d'adoption, par chaque élève de classe moyenne, de la mémoire de l'un des 11 500 enfants victimes en France de la Shoah. « Mon sang s'est glacé ! », confiait-elle. Mais, comme Robert Badinter, elle ne cessera de dire aux jeunes Français qu'ils peuvent être fiers de leur pays. « N'en déplaise aux auteurs du *Chagrin et la Pitié*, nombre de Français ont eu un comportement exemplaire. De tous les pays occupés, la France est celui où les arrestations furent, en pourcentage, les moins nombreuses. »

Parfois pourtant, elle se montre excédée par ces « politiciens » qui ne voient, dans le choix de VGE – une femme, pour la liberté de l'avortement –, qu'un calcul intéressé. Son propre mari, Antoine Veil, rencontré juste après son retour en France, supporte mal sa réussite. Lui, l'ancien élève de l'Ena, aurait jugé « naturel », confesse-t-il (3), que la priorité lui fût donnée… Elle tente pourtant de ne pas le blesser. « Les Veil, écrira-t-elle, avaient le même profil social et culturel que les Jacob : des juifs non religieux, profondément cultivés, amoureux de la France, aimant les arts et surtout la musique. » Mais Antoine refuse qu'elle parle de la Shoah. Elle retrouve donc ses compagnes de déportation, Marceline Loridan-Ivens et Geneviève de Gaulle, dans un café. Bientôt mère de trois enfants (Jean, Claude-Nicolas, qui décédera en 2002, et Pierre-François), elle joue, en robe noire à col blanc et chignon impeccable, la parfaite épouse de haut fonctionnaire. Elle consent même à suivre son mari quand il se voit proposer un poste en Allemagne.

Mais en 1954, neuf ans après son retour des camps, elle décide de tenir la promesse faite à sa mère : devenir avocate. Réaction d'Antoine : « Ce métier n'est pas fait pour une femme ! » Simone est outrée. Elle passe le concours de la magistrature. Le soir, elle accompagne son mari dans les dîners chics où ils côtoient le Premier ministre Georges Pompidou et le milliardaire grec Aristote Onassis. Mais le jour, nommée à l'administration pénitentiaire, elle se bat pour que l'Algérienne Djamila Boupacha, torturée par les paras d'Alger et défendue par l'avocate Gisèle Halimi, soit transférée en France. Féministe, toujours à l'écoute des mères seules qui glissent vers la pauvreté, elle n'adhère pas, cependant, aux thèses « égalitaristes » de Simone de Beauvoir et d'Élisabeth Badinter : « Je trouve préférable pour la société, dit-elle, que nous n'ayons pas la même approche que les hommes. » Avant les obsèques d'Antoine Veil, où on la verra pour la dernière fois, le 15 avril 2013, dans l'attitude d'une Pietà, une image nous restera : celle de son entrée à l'Académie française, le 18 mars 2010. Jean d'Ormesson retrace son parcours tragique, avant de conclure : « Nous vous aimons, Madame. » Simone Veil est émue. Sur son épée, elle a fait graver son numéro de déportée. Mais aussi la devise de l'Europe : « Unie dans la diversité. »

1. Maurice Szafran, *Simone Veil, destin*, Flammarion, 1994.
2. Simone Veil, *Une vie*, Stock, 2007.
3. Antoine Veil, *Salut*, Alphée, 2010.

Dans les manuels scolaires

David Reinharc

Chronique d'une disparition

En 1969, un critique des *Nouvelles littéraires* fit l'éloge de *La Disparition* de Perec sans s'être aperçu que, dans les près de trois cents pages du roman, pas une seule fois la lettre *e* n'avait été utilisée. Six ans plus tard, Perec a publié *W ou le Souvenir d'enfance*, précédé d'une dédicace : « Pour E. » En se penchant sur les manuels scolaires français, on constate une disparition tout à fait semblable de l'histoire des juifs, dont personne ne semble s'alarmer. Cette troublante métaphore révèle-t-elle un phénomène d'une gravité redoutable ? Il est urgent d'examiner ce qui résiste au fait civilisationnel juif dans les manuels et, *in fine*, ce qu'il reste d'« eux ». De quelle manière participent-ils, délibérément ou pas, au travail d'effacement du judaïsme et des juifs ? Quelle présence historique pour le peuple juif dans les programmes officiels ?

David Reinharc est éditeur. Dernier ouvrage publié, avec Élisabeth de Fontenay, Sarah Fainberg et Samuel Sandler, *7 octobre, un crime contre l'humanité contemporain de sa négation* (Descartes & Cie, 2024).

En primaire, les juifs, un peuple obsolète

On retrouve le judaïsme à quatre reprises dans les manuels scolaires : l'Antiquité avec les Hébreux, l'affaire Dreyfus, la Shoah et la création de l'État d'Israël. Court-circuitant deux mille ans d'histoire juive entre le peuple d'Israël et Jésus, les enseignants sont amenés à introduire le christianisme par un rappel historique :

> « Prêché par Jésus, qui s'affirme fils de Dieu, le christianisme se caractérise par la croyance en un Dieu unique et en l'immortalité de l'âme, dans le prolongement de la religion juive, et par le commandement fait aux hommes, tous égaux entre eux, de s'aimer les uns les autres. »

Bien que la présence des juifs en France soit plus que bimillénaire, ce qu'avait rappelé à juste titre Israël Bédarride en 1859, évoquant la Gaule narbonnaise, celtique et l'Aquitaine, où les juifs sont apparus cent ans avant l'ère chrétienne, ils font figure de héros d'une histoire révolue. Le judaïsme relèverait donc d'une civilisation dépassée, éteinte, puisque évincée par une religion qui le « prolonge », ce qui induit que le christianisme vient le compléter, sinon le parfaire.

Il aura fallu attendre quelques années pour que soient appliquées les recommandations du rapport de l'historien Philippe Joutard sur l'enseignement du fait religieux. Remis au ministère de l'Éducation nationale en 1989, il présente le christianisme comme une religion postérieure au judaïsme, et non comme sa remplaçante. En 1997, les éditions Bordas produisaient encore cet énoncé emblématique :

> « Le christianisme naît en Palestine, où vit le peuple juif qui est monothéiste. Les juifs attendent un envoyé de Dieu, le Messie, ou, en grec, le Christ. (1) »

Voilà le judaïsme réduit à une religion fossile, qui n'a de valeur positive qu'en annonciateur de l'avènement du « nouveau peuple de Dieu ».

L'histoire juive « positive », vue sous un angle non victimaire, est totalement absente des manuels scolaires. Il en va de même dans l'enseignement de l'histoire en classes préparatoires, qui n'accorde qu'une place infime à celle des juifs (2). D'une manière générale, les juifs ne semblent porteurs d'aucune singularité civilisationnelle. Après la destruction de Jérusalem et la naissance du christianisme en primaire, ils sortent du programme. On ne les convoquera que bien plus tard au collège en même temps que le capitaine Dreyfus.

Le « véritable cœur de l'Europe, étrange cœur placé au-delà du corps » qu'est pour Kundera le peuple juif à travers Israël, voit pourtant son apport au développement de l'Europe éclipsé, les manuels mettant l'accent sur le caractère résolument chrétien de la civilisation européenne.

Remplacer la tête juive par une tête d'homme

L'édition de 1927 du Malet et Isaac consacre une ligne à l'émancipation des juifs de France en 1791 (3). On cherchera en vain l'évocation de cet événement dans les livres scolaires contemporains. Pourtant, il se pourrait qu'il y ait un lien paradoxal de causalité entre d'une part l'obligation historique pour les juifs de se couler dans le moule identitaire forgé par le christianisme, et, de l'autre, l'histoire de leur émancipation durant la période des Lumières, bâclée dans les manuels scolaires. En effet, la philosophie des Lumières n'a jamais entériné ni reconnu, moins encore légitimé ou consacré, l'identité juive française collective. « Pour résoudre la question juive, il faudrait couper la tête un beau soir de tous les juifs et remplacer leur tête juive par une tête d'homme », a écrit Johann Gottlieb Fichte dans *Considérations sur la Révolution française* (4).

Dans l'esprit français jacobin, héritier de la Révolution française émancipatrice et assimilationniste, la judéité est nécessairement une corruption de l'universalisme républicain. Toute étude de la place des juifs dans l'historiographie française engage ainsi fatalement une réflexion sur la conception laïque et centralisatrice de l'unité nationale. Le rapport de Régis Debray sur l'enseignement du fait religieux dans l'école laïque, remis le 1er février 2002 au ministre de l'Éducation nationale, paraît très éclairant sur ce point. Et si la place des juifs est réduite à néant dans les manuels, la célèbre formule de Clermont-Tonnerre y est pour beaucoup : « Il faut tout refuser aux juifs comme nation et tout accorder aux juifs comme individus. » Les juifs seront émancipés en tant qu'individus à la condition *sine qua non* qu'ils renoncent à leur particularisme, à leur vie communautaire et à leur culture.

Le fait civilisationnel juif occulté

De fait, les juifs dans les programmes de l'Éducation nationale ont quelque chose d'incertain et flottant ; en état d'apesanteur historique, ils apparaissent en pointillé. Entre l'Antiquité et la plongée dans l'horreur nazie, c'est un saut de près de dix-neuf siècles que l'on fait faire aux élèves du primaire. Il en va de même au collège où, entre les Hébreux en sixième et l'affaire Dreyfus en fin d'année de quatrième, les juifs ne sont jamais évoqués. Rien n'est dit, lors de l'étude du Moyen Âge en classe de seconde, sur l'apport des juifs à la civilisation occidentale. Les populations juives, dans le programme actuel, ne sont envisagées que dans les situations d'exclusion ou de ségrégation telles que le port de la rouelle. Rien non plus sur la foisonnante culture du Languedoc, où naquit la Kabbale. Pas un mot sur le sort réservé aux juifs de France au moment des croisades. Silence sur l'expulsion des juifs du royaume en 1394. Motus et bouche cousue sur la présence juive dans le Comtat Venaissin, en Alsace, à Bordeaux. Le décret Crémieux (5) ? Oublié. Tout comme la présence juive en Algérie, bien qu'elle soit très ancienne. Sur tous ces événements, et en conformité avec les instructions officielles, les manuels de seconde sont résolument muets. Il faudra attendre la classe de première et l'affaire Dreyfus pour voir réapparaître les juifs dans l'histoire nationale, toutefois sous le prisme exclusif de la figure du « traître ». Par chance, il sera réhabilité.

Quid de l'histoire vécue par des hommes et des femmes se définissant comme juifs, inscrits dans une même destinée civilisationnelle comprenant une histoire politique, sociale, culturelle, religieuse, linguistique, littéraire, artistique, peuplée de grands personnages ayant contribué à l'enrichissement de la France ? Que penser de cette contribution immémorée des juifs à la construction de l'identité française ? de l'occultation de leur rôle positif dans l'histoire nationale ? Aucun manuel distribué aux élèves de la seconde à la terminale ne signale la présence juive quasi continue sur le territoire français. L'intégration de la Shoah dans les nouveaux programmes du primaire devrait-elle être considérée comme un progrès ? La question se pose. Comment parler de la Shoah, faire comprendre son caractère unique, quand le mot « juif » a été absent des programmes des lycées de 2010, 2011 et 2012, excepté dans l'enseignement relatif au génocide des juifs en classe de première (6) ? D'où sortent ces juifs dont les élèves ont vaguement entendu parler en sixième, pour autant qu'ils aient perçu une continuité entre les Hébreux de l'Antiquité et les juifs ? Présents presque sans discontinuer depuis deux mille ans, en Gaule puis en France, les juifs demeurent cette « tache aveugle dans le récit national », selon la formule de Paul Salmona. Et quand on leur accorde une petite place dans les manuels d'histoire, ils n'y sont invariablement évoqués qu'en peuple persécuté.

L'histoire de la destruction des juifs sans les juifs

Considérons la consigne pour la rédaction d'une synthèse d'une fiche des éditions Retz intitulée « L'antisémitisme dans l'histoire du XXe siècle » (2005) comme symptomatique du contenu des manuels scolaires. Les auteurs indiquent, à l'adresse de l'enseignant : « Au-delà des juifs, c'est le caractère discriminatoire des actes qui est souligné. » L'histoire de la Shoah, illustrant la folie des hommes, est utilisée comme tremplin pour parler du racisme en général. Seule l'extermination des juifs semble devoir revêtir une portée universelle permettant d'aller « au-delà des juifs ». La Shoah fait figure de paradigme pour la représentation de toutes les atrocités. Voilà qui rappelle un peu les déclarations de Paul Ricœur pour qui « les victimes d'Auschwitz sont, par excellence, les déléguées auprès de notre mémoire de toutes les victimes de l'histoire ». À trop pleurer sur les morts, la « mémoire de compassion », suivant l'expression forgée par Georges Bensoussan, les a fait oublier pour ne laisser que la réminiscence des larmes. Victimiser avec persistance la figure historique juive dans les manuels scolaires est d'autant plus pernicieux qu'elle se confronte, dans l'espace médiatique et auprès du public français, à la figure israélienne honnie parce que justement opposée à la représentation néantisée du destin juif. De fait, l'école de la République ignore le fait civilisationnel et la diversité des parcours historiques juifs, au profit d'une vision figée en deux incarnations antithétiques : la victime de la Shoah à laquelle, toutefois, est retiré son particularisme juif, et le bourreau israélien. Les travaux de Shmuel Trigano sont particulièrement éloquents sur cette question.

De la « question juive » à la « question d'Israël »

En classe de terminale, le manuel Hatier évoque l'existence de « juifs de Palestine » en 1948. Mais qui sont-ils ? Comment sont-ils arrivés là ? La légitimité qui leur est accordée serait de l'ordre de la compensation ou de la réparation, jamais d'une réalité politique nationale ni de l'aspiration la plus ancienne du peuple juif à regagner son foyer.

Les Israéliens, refusant de se laisser enfermer dans une identité victimaire et fondant leur projet politique sur l'élan d'un peuple, sont priés de céder la place de victimes éternelles aux Palestiniens, innocents et injustement spoliés.

Dans le manuel Magnard (7), le chapitre « Faire la guerre, faire la paix » est illustré par une photographie représentant la confrontation d'un soldat israélien suréquipé, symbole de la force, avec un civil palestinien, symbole de faiblesse, qu'il invective. La difficulté pour les élèves à comprendre le conflit israélo-arabe les entraîne à pressentir dans l'opprimé d'hier, pour paraphraser Victor Hugo, l'oppresseur de demain.

Les élèves de troisième ont vu Ben Gourion proclamer l'indépendance d'un État juif *ex nihilo* en 1948 sans explication sur les circonstances de la naissance de l'État. Aucun des ouvrages étudiés par les auteurs de *L'Image des Juifs dans l'enseignement scolaire* (8) n'évoque le sionisme.

Chez Nathan, par exemple, le terme figure parmi les « notions clés » sans être expliqué dans la partie « cours ». L'élève ne dispose pas de mots pour rendre compte de cette réalité politique.

Réintégrer les juifs dans l'histoire de France

Face à la présence-absence du destin national et collectif juif dans les manuels, et pour que les juifs français, compte tenu de la précarité de leur statut dans ce que l'on enseigne d'eux, ne soient pas étrangers à eux-mêmes et aux autres, ne serait-il pas fécond d'apprendre aux élèves l'histoire spécifique de la civilisation juive ? Et de réclamer une formation pour les enseignants qui ont, en outre, affaire à des classes difficiles, peu attentives ou très revendicatives, et des outils pédagogiques qui placeraient résolument le peuple juif dans une dynamique positive, de constante évolution et d'enrichissement mutuel ? Même si le besoin de remonter le temps s'empare actuellement en partie des nouvelles générations, les hommes et les femmes qui militent en faveur de cette réintégration des juifs dans l'histoire de France s'apparentent à de belles âmes qui plaident dans le néant. Comme s'il fallait de nouveau tout acquérir – le présent, l'avenir, mais aussi la restitution du passé – de cette chose que, pourtant, comme la langue chez Kafka, « tout homme reçoit gratuitement en partage ».

1. Manuel Baldner-Bouclet d'histoire, géographie et éducation civique 1997, Bordas, cité par Barbara Lefebvre dans *L'Image des Juifs dans l'enseignement scolaire*, Les Éditions du Nadir, 2008.
2. Voir Christine Guimonnet, Alexandre Bande, « Quelle est la place des juifs dans les programmes, les enseignements et les manuels du secondaire et des classes préparatoires ? », in Paul Salmona, Claire Soussen (dir.), *Les Juifs, une tache aveugle dans le récit national*, Albin Michel, 2021.
3. Voir l'éclairante introduction de Paul Salmona dans *Les Juifs, une tache aveugle dans le récit national, op. cit.*
4. Johann Gottlieb Fichte, *Considérations sur la Révolution française*, Payot, 1989.
5. Le 24 octobre 1870, ce décret déclare citoyens français les israélites indigènes d'Algérie.
6. Voir Christine Guimonnet, Alexandre Bande, *op. cit.*
7. Manuel d'histoire-géographie, géopolitique et sciences politiques, classe de terminale, sous la coordination de Marielle Chevallier, Magnard, édition d'avril 2020.
8. Barbara Lefebvre et Shmuel Trigano (dir.), *L'Image des Juifs dans l'enseignement scolaire, op. cit.*

HAÏM KORSIA
Le devoir d'espérer

propos recueillis par Paul-François Paoli

Ancien aumônier en chef du culte israélite des armées, Haïm Korsia est aumônier de l'École polytechnique depuis bientôt vingt ans. Élu grand rabbin de France en 2014, il a été reconduit à cette fonction pour sept ans en 2021. Féru de management et détenteur d'un diplôme d'études approfondies (DEA) de l'École pratique des hautes études, il a été membre du Comité consultatif national d'éthique. Ce passionné de la chose militaire est aussi connu pour son tempérament chaleureux et ouvert. Il nous relate son parcours : celui d'un juif amoureux de la France et de la république.

Revue des Deux Mondes – Vous êtes devenu rabbin à l'âge de 20 ans et vous en avez aujourd'hui 60. Comment s'est décidée votre vocation ?

Haïm Korsia On ne peut réécrire sa propre histoire que rétrospectivement. Sur le moment, nous faisons des choix marqués par une volonté d'engagement ou déterminés par une rencontre capitale. Dans ma jeunesse, j'ai eu la chance de rencontrer un homme extraordinaire, le grand rabbin Chouchena, qui fut le directeur du séminaire israélite de France entre 1977 et 1991 et fut également aumônier de l'École polytechnique. J'ai eu le sentiment que mon destin était tracé. Cet homme, aujourd'hui disparu, dirigea pendant onze ans la communauté du quartier de Belleville à Paris. Son enseignement m'a profondément marqué.

En quoi consiste principalement la fonction de grand rabbin de France que vous exercez depuis 2014 ?

Le grand rabbin de France est rattaché au Consistoire central, créé par Napoléon en 1808, mais ses missions visent à représenter les intérêts de tous les juifs de France, quel que soit le courant dont ceux-ci se réclament. Il est également l'interlocuteur privilégié des pouvoirs publics pour tous les sujets relatifs au judaïsme. L'intitulé de ma fonction est donc bien « grand rabbin de France ». C'est à ce titre que je suis porteur d'un message biblique marqué par une forte dimension éthique et que j'ai vocation à m'adresser à l'ensemble du pays.

Dans quelle mesure peut-on comparer cette fonction à celle d'un évêque ou d'un pasteur ?

Notre principal point commun réside dans la dimension pastorale et l'échange avec les fidèles. Depuis mon arrivée en 2014, j'ai choisi de dédier une grande partie de mon temps aux déplacements dans les communautés, surtout les communautés de province, qui font preuve d'un dynamisme extraordinaire pour faire perdurer des congrégations devenues moins importantes en nombre au gré des années et des flux migratoires dictés par l'attractivité de l'emploi. Aujourd'hui encore, j'effectue un à deux déplacements en province par semaine, ce qui me permet d'être présent sur le terrain et impliqué dans le quotidien des fidèles dont je porte la voix au mieux, du moins je l'espère.

Vous avez publié voici quelques années un livre intitulé *Être juif et Français, Jacob Kaplan, le rabbin de la République* (1). Que représentait le rabbin Kaplan pour vous ?

Le grand rabbin Kaplan était une figure remarquable du judaïsme, un guide spirituel, mais aussi ce que nous appelons un *Mensch* (2). En yiddish, ce terme signifie un homme de bien sur qui l'on peut absolument compter et qui ne se construit pas en se hissant sur les autres. Cette notion a une connotation prophétique. Jacob Kaplan a illuminé de sa connaissance et de son humanité le rabbinat français et a su incarner avec justesse et sincérité ce qu'il se plaisait à appeler le « franco-judaïsme ». Il a fait sienne la devise du Consistoire, « religion et patrie ». Il était un grand Français et un grand représentant du judaïsme. Ancien combattant de la guerre de 1914-1918

Haïm Korsia est rabbin. Dernier ouvrage publié : *Réinventer les aurores* (Fayard, 2020).

et de la guerre de 1939-1945, et résistant, il a épousé tous les combats de la France et a été un artisan ardent de la réconciliation avec le catholicisme. Notamment à travers l'affaire Finaly, qui a défrayé la chronique après-guerre.

Pouvez-vous nous en rappeler les termes ?

C'est une histoire terrible qui aurait pu briser toute possibilité de réconciliation entre le judaïsme et le catholicisme. En 1939, fuyant l'*Anschluss*, un médecin autrichien et sa femme, les Finaly, s'installent en Isère. Ils ont deux garçons qui y naissent, Gérald et Robert, qui sont circoncis. Fin 1943, les deux enfants sont placés dans une pouponnière catholique et, le 14 février 1944, les Finaly sont arrêtés puis déportés à Auschwitz sans retour. Les enfants sont ensuite placés chez les religieuses de Notre-Dame de Sion qui les confient à une demoiselle Brun, alors à la tête de la crèche municipale de Grenoble. Après la guerre, une tante des enfants les réclame sans succès. Mademoiselle Brun fait tout pour éloigner les enfants, les cache, les baptise et les exfiltre avec l'aide des sœurs de Sion en Espagne. Cela devient une affaire nationale et le grand rabbin Kaplan dut faire appel au cardinal Gerlier, archevêque de Lyon et primat des Gaules, pour obtenir le retour des enfants et l'invalidation du baptême. Les deux enfants rentrent en France en juin 1953 grâce à Germaine Ribière, l'envoyée du cardinal, et à un jeune prêtre, Roger Etchegaray. À partir de ce moment, c'est Jacob Kaplan qui va retisser le lien de confiance avec l'Église.

En quoi la personnalité de Jacob Kaplan reste-t-elle actuelle à vos yeux ?

Sans jamais se départir de sa foi, il a porté haut les valeurs universelles de la République. Il nous a laissé un héritage qu'il nous faut aujourd'hui continuer de promouvoir et préserver. Son parcours m'a beaucoup inspiré et j'essaie, autant que faire se peut, de me placer dans sa filiation. Français et juifs, nous sommes à l'écoute de notre prochain et vivons au cœur de la cité. La personnalité du grand rabbin Joseph Sitruk m'a aussi profondément marqué, car il savait trouver les mots pour donner du sens à ce que nous vivions. La façon prophétique qu'il avait de vivre son sacerdoce m'inspire encore aujourd'hui, tant il était mû par un authentique amour du prochain. Celui-ci doit être le seul véritable guide d'un pasteur, quel que soit son culte.

Vous avez été aumônier en chef du culte israélite des armées. Pouvez-vous nous parler de votre rôle au sein de l'institution militaire ?

J'ai accompagné les armées dans leur quotidien, en France ou en opérations extérieures. Je retiens de ces années de formidables moments d'échange avec les militaires, la proximité et l'affection qui se nouent dans l'adversité, mais aussi les accompagnements et prises en charge de militaires de retour des combats, tout particulièrement ceux qui souffrent de syndrome de stress post-traumatique. Et puis il y a ces familles qu'il faut soutenir lorsque leur univers s'écroule. La fraternité de la communauté militaire est ici décisive. C'est un sujet difficile à appréhender sur lequel j'ai beaucoup travaillé. J'ai notamment consacré un travail de thèse sur la prévention des suicides dans les armées. Disons-le simplement, j'ai aimé profondément les militaires… et j'aime toujours l'armée de l'air.

Depuis 2005, vous êtes aumônier de l'École polytechnique. Qu'est-ce que cette responsabilité représente à vos yeux ?

C'était le poste du grand rabbin Chouchena et symboliquement ce fut un grand honneur pour moi de lui succéder. C'est une école de l'effort, de la rencontre entre les savoirs et de l'intelligence. Je reste très admiratif de l'intelligence et de l'humanité des élèves et des cadres.

Comment expliquez-vous l'affinité, tout à la fois morale et historique, qui existe entre la France et le judaïsme ?

Les juifs vivent en France depuis plus de deux mille ans ! Cet attachement profond qui nous lie tient à la dimension humaniste et universelle de leur message commun. Le triptyque républicain se retrouve parfaitement dans le cœur d'un judaïsme épris de liberté, d'égalité, de fraternité, mais aussi de tolérance, d'accueil et d'ouverture à l'autre.

Ces dernières années, le philosophe Emmanuel Levinas est devenu une référence pour de nombreux intellectuels juifs mais aussi catholiques. Dans quelle mesure sa pensée compte-t-elle pour vous ?

Pourquoi, en ce moment même, des gens passent-ils leur temps à arracher ou à rayer les photos des visages des otages du Hamas qui ont été placardées sur les murs de Paris ou d'ailleurs ? Pourquoi le font-ils ? N'est-ce pas une illustration de la pensée de Levinas sur l'altérité du

« visage de l'autre » ? Puisqu'ils sont juifs, ils ne sont pas de la même humanité que moi. Voilà ce que signifie, à mon sens, ce geste de négation. Nous sommes là au cœur de la pensée de Levinas.

Que répondez-vous aux juifs de France qui sont particulièrement anxieux des répercussions du conflit israélo-palestinien ?

La peur est toujours mauvaise conseillère et elle ne permet pas d'action suffisamment réfléchie et posée. Pour autant, je comprends que certains des nôtres soient sujets à l'angoisse. Comment ne pas s'alarmer de la hausse exponentielle des actes antisémites depuis le 7 octobre et de ce qu'il convient d'appeler, pour éviter tout injuste amalgame, la guerre entre Israël et le Hamas ? Car Israël ne combat pas les Palestiniens, mais bien un groupe terroriste : le Hamas. Et quand le sujet est aussi sensible, il faut redoubler de vigilance pour savoir employer les mots justes. Comment ne pas s'indigner de l'attitude de certains de nos élus ? Ou ne pas constater les dérives provoquées dans une institution comme Sciences Po quand on refuse le débat et que l'on bloque toute tentative de dialogue ? Il est vrai que le climat ambiant est pesant. Il s'agit donc pour nous, plus encore que d'habitude, de panser les plaies de celles et ceux qui sont meurtris dans leur chair et de penser à reconstruire des ponts pour mieux apprendre à se connaître aujourd'hui, pour s'aimer demain.

Nous est-il permis d'être optimistes à ce sujet ?

Être optimiste ou résilient consiste à être convaincu qu'il nous faut poursuivre nos efforts en multipliant les initiatives de dialogue et d'échange. Pour qu'à l'inverse de Caïn envers Abel, chacun demeure le gardien de son frère.

1. Haïm Korsia, *Être juif et Français, Jacob Kaplan, le rabbin de la République*, Éditions Privé, 2006.
2. *Mensch* signifie « être humain » en allemand.

Armand Lunel, le dernier des juifs

Manuel Carcassonne

Je suis le père de quatre enfants, mais aucun n'est ou ne sera juif, à moins d'une conversion surprenante. Ils le seront d'autant moins qu'ils sont tous baptisés, le dernier au couvent Saint-Basile des frères choueirites, rattaché à l'archevêché grec-catholique melkite de Beyrouth, en une cérémonie émouvante de chants arabes et araméens, et dans l'immersion de l'enfant qui pleurait à peine, sa lustration à l'eau claire, aussitôt recouvert de linge blanc, dans les soupirs et le lamento psalmodié, je n'écoutais qu'un seul cri primal, le mien, qui disait : « Qu'est-ce que je fais là ? »

Je dois à cette surprise de l'été beyrouthin, au ressac de l'humide air salin, à la chaleur abrutissante d'août qui me cognait aux tempes, de m'être retourné vers le passé, comme si je voulais m'abreuver à la source des miens. Mais quelle source et quelle eau vive ?

Le nom de code qui permit à cette machine de remonter le temps est l'interpellation, « monsieur Carcassonne, vous êtes mon cousin », lancée par un homme âgé en costume élégant, au visage doux, alors qu'étudiant à Janson en classe préparatoire littéraire je travaillais mes examens à la bibliothèque de la maison de Balzac. Il avait lu mon nom sur la fiche des lecteurs présents : Carcassonne. Un nom de ville du Languedoc. Un nom de ville, à l'oreille subtile, c'est un nom juif.

Manuel Carcassonne est directeur général des éditions Stock. Dernier ouvrage publié : *Le Retournement* (Grasset, 2022).

Je levais la tête, étonné, presque méfiant, je n'avais pas tant de cousins que ça.

Georges Jessula était le gendre d'Armand Lunel (né à Aix en 1892, mort à Monaco en 1977), lequel était le chantre judéo-comtadin, l'enchanteur de la Jérusalem à Carpentras, l'arpenteur d'un espace minuscule en kilomètres, illimité en imaginaire, débordant sur l'histoire méconnue d'un moment heureux de l'histoire du judaïsme, ou moins malheureux que d'autres.

En fait, nous étions tous cousins, comme le résume Lunel de ce chaudron de Provençaux enfermés dans leurs carrières, rétifs au mélange, fût-il autorisé : « La seule idée d'un mariage mixte aurait atteint de part et d'autre le comble de la réprobation et même les règles de l'endogamie chez nous s'étaient maintenues si strictes que, presque jusqu'à la fin du XIXe siècle, les liens matrimoniaux ne se contractèrent qu'entre conjoints descendants des quatre saintes communautés. Voilà comment et pourquoi les Astruc, les Beaucaire, les Bédarride, les Carcassonne, les Cavaillon, les Crémieux, les Digne, les Lunel, les Meyrargue, les Milhaud, les Montel, ou les Monteux, les Valabrègue, les Naquet et j'en oublie ! jumelant avec la plupart de leurs patronymes, les villes de leur plus lointaine implantation dans le Midi provençal, pouvaient se prévaloir de cousinages et d'alliances qui s'enchevêtraient dans la nuit des siècles. (1) »

La nuit des siècles ! Rien que ça. Ce fut une révélation. Une ribambelle de cousins à l'accent provençal apparut. Leurs palabres en « chuadit », patois du Midi frotté d'hébraïsmes comme on frotte d'ail un pain moelleux, résonnaient dans les ruelles étroites des ghettos insalubres. J'eus la vision de cousins Carcassonne aux échoppes fournies en soieries, un quarteron de négociants, marchands habiles, dont certains réussirent à commercer jusqu'à la foire de Beaucaire. J'entrevis des mariages avec de vieilles israélites, « qui évoquaient une autre époque, plus lointaine, où elles auraient été plus nombreuses, un autre siècle encore où la juiverie n'était pas un vain mot, où le Temple était toujours en gala ».

Je cite ici le roman injustement méconnu d'Armand Lunel, *Nicolo-Peccavi ou l'affaire Dreyfus à Carpentras*, 1926, qui obtint le premier prix Renaudot, et manqua dit-on le Goncourt par la faute de Léon Daudet, antisémite notoire, maurassien polémiste, malgré son amitié avec Proust. J'ai cherché à le faire connaître ce traité sur la traîtrise, sur l'appartenance au même peuple, sur le temps englouti de « mes frères en Moïse ». Il serait temps de lire ce roman dont le personnage honni d'un converti au christianisme n'est finalement chez lui ni chez les vieux chrétiens ni chez ceux dont il a trahi la foi. Un « retaillon », mot qui signifie la circoncision à rebours.

Se souvient-on qu'on déculottait les juifs pour être certain de leur origine, avant que de les envoyer à la mort ?

Nicolo-Peccavi explore le sentiment d'une insécurité immémoriale au moment des émeutes qui accueillirent la rumeur d'un capitaine Dreyfus se reposant chez son beau-frère Valabrègue à Carpentras, en septembre 1899. Émeutes, vandalismes, incendies, cris de haine qui viennent rappeler au lecteur que ce temps de presque paix s'achève. La Jérusalem comtadine se renverse en territoire ensauvagé qui préfigure la profanation du cimetière de Carpentras : les siècles se croisent. Armand Lunel, qui fut professeur de philosophie à Monaco, protégé des rafles en 1942 par le grand-père du prince Rainier, est un modèle d'aménité en cheveux blancs. Il naît à Aix, mais s'enracine à Carpentras. C'est un fou du Comtat Venaissin qu'il imagine en Éden à portée de train, celui qui le transporte d'Aix à Carpentras, de la naissance civile à la naissance spirituelle : « On aborde cette terre généreuse et prodigue ; un beau et riche jardin prêt à satisfaire tous les sens et plus encore l'odorat et le goût. » Littérature et provincialisme, fierté du microcosme, célébration de l'enclos : qu'avons-nous paradoxalement perdu en perdant le sens du village ? Qu'avons-nous gagné en prenant l'avion pour voir au bout du monde autre chose que la beauté du proche ?

Ses deux parents portent le même nom de Lunel, un côté d'Alleins, l'autre de Carpentras, ce qui prédispose à ne pas s'exiler.

Sa nostalgie de l'âge d'or des juifs en pays d'Oc ou en Provence est telle qu'il en oublie parfois les règles inhumaines qui contraignent ses frères en Moïse, ainsi de la colophisation, coutume qui offrait à l'Église ou à l'un de ses représentants la joie mauvaise de gifler un juif le jour de Pâques. On dit qu'un jour le gant de fer giflant la joue d'un de mes ancêtres lui arracha les yeux, comme deux billes. Ou la coutume de « faire Kavos », ou Capo, houspiller un vieillard de la « Carrière » jusqu'à le faire s'agenouiller. Ou le serment *more judaico* que mon aïeul Isaac-Adolphe Crémieux (né à Nîmes le 30 avril 1796, fils de David Crémieux, négociant en soieries, et de Rachel Carcassonne), député, ministre de la Justice, président de l'Alliance israélite universelle, fît abroger en 1827, avec ces mots sublimes qui résonnent encore dans notre époque de tristes passions communautaires : « Est-ce que je suis dans une synagogue ? Non, je suis dans une salle d'audience. Est-ce que je suis à Jérusalem, en Palestine ? Non, je suis à Nîmes, en France. Est-ce que je suis seulement juif ? Non, je suis en même temps citoyen français. En conséquence, je prête le serment du juif citoyen français. (2) »

Partout chez Lunel, en même temps que la lumière d'un universalisme hérité de ses lectures d'Alain, de son éducation rue d'Ulm, et de son agrégation de philosophie, il y a une tempérance désespérée, un sentiment d'être le dernier des juifs du Comtat Venaissin, le survivant d'une filiation incroyablement longue.

On date de 1481 l'injonction faite aux juifs à quitter le royaume de France, et à 1500 le refuge que trouvèrent les juifs expulsés du royaume de France dans les États du Pape, et plus exactement dans l'une des quatre saintes communautés, Avignon, Cavaillon, L'Isle-sur-la-Sorgue et Carpentras, les Arba Kehilot, nommés ainsi d'après les quatre saintes communautés de Jérusalem, Hébron, Safed et Tibériade. Un petit peuple de cousins, c'est-à-dire tout au plus deux mille personnes, qui vivaient alors entassés, étripés d'impôts, portant le signe distinctif d'un chapeau ou d'une cocarde pour les femmes. « De pauvres juifs oubliés, internés dans votre île perdue des anciens ghettos comtadins », invoque le grand-père de Lunel, Albert Lunel, Abranet le sage, sorte de personnage de Pagnol revu par Emmanuel Levinas.

Tout s'enracine, sauf moi

Je me suis oublié dans les généalogies comtadines, au point de souffrir, avec Lunel, de l'inexorable disparition, par assimilation après 1791, conversion parfois, et sous l'effet de cette modernité qui nous pousse vers la mélancolie des êtres sans attaches, « des Occidentaux froids et blêmes qui ne vous offrent pas même un café », comme le cingle mon orientale épouse.

J'allais donc déjeuner chez Georges Jessula rue Raynouard, et bouche bée entre les masques africains rapportés du Sénégal où cet huilier avait fait souche, j'écoutais la litanie des siècles. Je contemplais l'opulence aussi de cette aristocratie des anti-juifs errants, enracinés, fixes, immobiles dans le courant du fleuve de l'histoire : « Ils étaient juifs comme d'ailleurs héréditairement je le suis resté et j'ai le ferme espoir que tu le resteras, ne craignant pas, se faisant même un devoir, quand l'occasion ou le besoin s'en ferait sentir, de se proclamer en face des autres juifs comme des privilégiés, et j'irai jusqu'à te dire, comme des aristocrates », déclama le fameux grand-père carpentrassien à son petit-fils Lunel.

L'archipel des derniers juifs : « Formant une espèce à part singulière, unique, le sachant et s'en prévalant comme d'une indéniable prérogative. » Et encore : « Ils formaient sinon une sorte de tribu d'Israël à part, du moins comme une famille aristocratique bénéficiant d'une situation acquise qui leur avait permis de se maintenir *[...]* au milieu de la catholicité ambiante. » À Carpentras, la synagogue jouxte la cathédrale Saint-Siffrein et le monument de l'évêque d'Inguimbert. À Cavaillon, une rue soudain juive. À l'Isle, je me promenai en janvier dernier dans les ruines de la présence des comtadins depuis 1286, et soudain aussi m'apparut un palais brinquebalant que restaure la ville, et dont l'opulence passée rappelle que l'argent égalisait les naissances.

Aristocratie juive, une contradiction dans les termes : le retournement de l'esclave en maître, du banni en propriétaire, du fuyard loqueteux en vigneron, en médecin, en converti de fraîche date comme dans *Nicolo-Peccavi* (3), honte parfois faite à ce peuple à la nuque raide. Je n'allais plus craindre mes camarades de classe.

J'avais donc le droit à mon terroir, qui s'enrichissait de multiples ruisseaux adjacents, d'études savantes sur les actes notariés à Aix, sur l'état de la synagogue au plafond bleu à Carpentras, sur les alliances matrimoniales, et même sur la parenté avec de célèbres convertis, dont Michel de Nostredame, *alias* Nostradamus ! Je n'étais pas peu fier.

La découverte a infusé en moi. Elle a jailli d'un coup, quarante ans plus tard. Mais pas trop tard pour me réclamer de ce judaïsme ancestral. Je visitai la synagogue en me donnant l'air du propriétaire, elle avait été sauvée de la ruine par les juifs d'Algérie, bien plus religieux que mes ancêtres.

Tout s'enracine, sauf moi. Tout le monde, à l'heure du village mondial, a son terroir. J'allais mettre une détermination burlesque à le conquérir.

Je choisis le mot de la langue française qui me manque le plus, ce mot « racine » qui frappe dans la terre, ce *homeland* que mon imaginaire me décrit à la façon d'un cep de vigne noirâtre et noueux, tout commence avec ma peur de l'exil, du départ, du chamboule-tout, de l'écroulement du Temple, du décret romain qui interdit Jérusalem aux juifs et les envoya sillonner le monde. Ce qui est arrivé hier arrivera à nos enfants. J'ai peur du juif errant. J'ai peur des frontières. J'ai horreur des baluchons et des colporteurs, des peuples du voyage. Armand Lunel, encore : « Ils ne se liguaient que contre ce qui n'était pas eux, dans un inviolable et inexpugnable chez nous, tabernacle éternel de leur fervent et ombrageux particularisme. (4) » L'anti-juif errant rêve de son contraire, « l'agent secret de l'éternel, qui répondait à cette folle soif d'une révélation, à cette fringale d'espérance, qui plus ou moins sournoisement, couve dans tout cœur juif » (5). Rester, partir, les deux battements du même cœur.

Il cite ailleurs, lui qui publia *Nicolo-Peccavi* à 34 ans, cette phrase de Bernard Lazare : « Être ailleurs, le grand vice de cette race, la grande vertu secrète, la grande vocation de ce peuple », mais pourquoi être ailleurs, puisque roule le long de la Durance le chaos des siècles. Je veux qu'on m'attache à ma chaise. « Être ailleurs, pour elles (les vieilles juives), une désertion, une impiété. » Ils ne bougèrent pas, ou si peu, les comtadins.

Le paradis à Carpentras

Il y a une différence de taille, peu commentée, entre le voyageur qui choisit son chemin, même aventureux, un Nicolas Bouvier quittant l'étroite Suisse mais pouvant y revenir, et le voyage sans retour qui vous est imposé, le déracinement, puis la naissance ailleurs, la filiation ailleurs au gré d'un jeu où toutes les possibilités géographiques existent sauf celle de naître là où vécurent vos aïeux persécutés. Nous vivrons de plus en plus souvent les exils. Nous fabriquerons à l'inverse notre mythologie de l'immobilité, nos anticorps d'enfermement et d'illusion de sécurité.

J'ai écrit sur les langues disparues du Yiddishland. J'ai frissonné de l'humour acide d'un Isaac Bashevis Singer recréant le microcosme de la rue Krochmalna à Varsovie, admiré les métaphores de Franz Kafka, rêvé aux empires déliquescents et immenses de Joseph Roth, mais je ne me sens aucune affinité ni lien du sang avec la rue chaotique, sale, bruyante, charnelle, fiévreuse, le ghetto dont les Polonais et les Allemands se débarrassèrent tant et si bien qu'il ne nous reste plus que des photographies de barbes souillées, une langue (le yiddish) sans locuteurs, et une littérature.

Je ne veux pas disparaître à mon tour. Je veux durer, et cette illusion du temps long, cette potion magique qui conjure le sort fait aux errants, je l'ai cherchée chez mes ancêtres de Provence. Puissent-ils me protéger.

Si j'écris ici sur Armand Lunel, en dépit des différences de génération et de culture humaniste de son époque, c'est qu'il m'évoque le stable des généalogies, le solide des origines, le moelleux des « coudolles », ce pain azyme cuit dans le four de la synagogue de Carpentras, mais le four s'est éteint, écrit-il avec une nostalgie du détail.

Georges Perec, qui connut à peine ses parents, le précise avec une douloureuse ironie, que je peux reprendre à mon compte : « J'aimerais aussi qu'il existe des lieux stables, immobiles, intouchables, intangibles, immuables, enracinés, des lieux qui seraient des points de repère, mon pays natal, le grenier de mon enfance rempli de souvenirs : un tel lieu n'existe pas. Il ne m'est jamais donné. Il faut que j'en fasse la conquête. » Perec a une douloureuse ironie. Il rêve un rêve qui n'existe pas, la guerre a détruit toute certitude de lieu, la guerre efface les souvenirs autant qu'elle tue les êtres. « Je ne parle pas la langue que mes parents parlèrent, je ne partage aucun des souvenirs qu'ils purent avoir, quelque chose qui était à eux, qui faisait qu'ils étaient eux, leur histoire, leur culture, leur espoir, ne m'a pas été transmis », terribles mots de tristesse et de silence, dans ce tombeau qu'est *Ellis Island*.

Moi, je rêve aussi à travers les ruelles désormais assoupies de Carpentras.

Je revoyais nettement cette scène de mon enfance, non que je sache si elle a été fondatrice de mon goût d'appartenir à des cercles fermés, ou si j'avais déjà en moi un judaïsme intérieur, un signe invisible, qui, selon la formule de mon cousin Armand Lunel, comme « les feux de l'Étoile de David sont plus sûrement incombustibles que ceux, dans le folklore de la salamandre et que même enterré sous la cendre des générations, le signe juif ne se prescrit jamais ».

« L'irrémissible de l'être juif », dira aussi Emmanuel Levinas, dont je citais cette phrase, me servant de sa simplicité lacunaire comme d'un épouvantail pour faire fuir les corbeaux de l'assimilation et de la conversion, conjuguer le passé dont je ne savais rien mais qui me hantait au présent d'un rite que je ne pratiquais pas.

Cette scène est la suivante : je devais avoir une douzaine d'années, je voyageais avec mes parents en Israël, où tout me paraissait rustique et extravagant. J'avais du mal à relier ces messieurs de Méa Shéarim, quartier situé au nord-ouest de la Vieille Ville de pierres blondes, peuplé d'ultra-orthodoxes en costume noir et papillotes fuyant le touriste comme ils fuyaient toute modernité, à la bourgeoisie feutrée du Trocadéro où j'avais été élevé.

La pâtisserie Carette et le lycée Janson-de-Sailly laissaient peu cours à des rituels mystiques ou à l'étude quotidienne du Livre. J'avais eu peur de ces rues d'un monde clos, et à l'époque, on ne regardait pas les séries, *Unorthodox* ou bien *Les Shtisel*, qui firent entrer les talmudistes dans l'univers désacralisé du consommateur. Cela m'attriste un peu qu'on espionne en voyeuristes de l'universel ces intégristes qui sont les bêtes sauvages de la foi.

Bref, dans ma tête d'enfant apeuré par ce grand déballage de peuples autochtones, je restais un petit Swann, pour paraphraser Proust, qui ne regardait déjà que les *goyim* et surtout les petites filles bien nées.

Mon père m'avait emmené au musée de la Diaspora, *Beth Hatefutsoth* de son nom hébreu, situé sur le campus de l'université de Tel-Aviv. Un ensemble d'ordinateurs crachait des données généalogiques quand on entrait son nom. Il tapa le patronyme de « Carcassonne », lequel n'évoquait pour moi que la ville médiévale ceinte de murailles qu'une Dame Carcasse avait dit-on âprement défendue, et en saccades informatiques de l'époque, la machine éructa des rubans entiers. Scintillèrent alors des dizaines de noms, de dates, de précisions sur les alliances et les mariages endogamiques, l'archéologie remontant au premier siècle du christianisme, les noms de métiers, l'émancipation en 1791 hors des « carrières » des quatre saintes communautés, tout un carrousel qui composait l'âge d'or de ces juifs du Midi : de Narbonne l'érudite à Aix la bourgeoise, de Carpentras la Jérusalem en sa synagogue-coquille à Salon-de-Provence, Languedoc et Vaucluse, qui fut bien résumé par André Schwarz-Bart dans *Le Dernier des Justes* : « Il aima cette province méridionale, les mœurs chrétiennes y étaient douces, presque humaines. On avait droit de cultiver un bout de terre, on pouvait y pratiquer d'autres métiers que l'usure, et même prêter serment devant les tribunaux comme si, juif, on eût véritable langue d'homme. C'était un avant-goût du paradis. (6) »

Le paradis ? Ce n'est guère un concept auquel une oreille juive est habituée, tant notre histoire est tissée d'exils, de vexations quotidiennes, de pogroms, de procès pour empoisonnement ou sorcellerie, et aux âges modernes, aux âges industriels de l'horreur, la Shoah pour aboutissement. Le paradis ? C'est un mot rarement employé. Je me savais français, mais voilà que j'étais français et juif, les deux à la fois, sans que l'un puisse se substituer à l'autre.

Le paradis à Carpentras. Pourquoi non ?

1. Je cite *Les Chemins de mon judaïsme et divers inédits*, textes présentés par Georges Jessula, L'Harmattan, 1985.
2. *Bulletin de l'Alliance israélite universelle*, premier semestre 1875.
3. Armand Lunel, *Nicolo-Peccavi ou l'Affaire Dreyfus à Carpentras*, Gallimard, 1926.
4. Armand Lunel, *Les Chemins de mon judaïsme, op. cit.*
5. Armand Lunel, *Jérusalem à Carpentras*, 1967.
6. André Schwarz-Bart, *Le Dernier des Justes*, Seuil, 1959.

Michaël Bar-Zvi : être et transmettre

Sébastien Lapaque

« Un an aura suffi pour annoncer les contours de ma vie et sceller les prémices d'une aventure personnelle », a souvent raconté Michaël Bar-Zvi (1). Cette année-là commence en septembre 1967, à Turgot, le « lycée feuj » de Paris, un établissement situé en plein cœur du Sentier, où le jeune Michaël Herszlikowicz, alors âgé de 17 ans, est entré en classe de terminale. La contestation anti-Vietnam battait son plein et le général de Gaulle, depuis janvier 1959, tenait fermement l'épée de la France. En novembre, la parution de *La Société du spectacle* de Guy Debord chez Buchet-Chastel est passée presque inaperçue. Au-delà des boulevards des Maréchaux, on n'entendait guère les imprécations des fractions agitées de la jeunesse gauchiste. La société des vacances et des loisirs, de la bagnole et des publicités criardes sur les radios périphériques convenait plutôt bien à ce que Dominique de Roux a nommé « la France de Jean Yanne » (2).

Sébastien Lapaque est romancier, essayiste et critique au *Figaro littéraire*. Il collabore également au *Monde diplomatique*. Son recueil *Mythologie française* (Actes Sud, 2002) a obtenu le prix Goncourt de la nouvelle. Dernier ouvrage publié : *On aura tout bu* (Actes Sud, 2022).
slapaque@gmail.com

Grâce aux yéyés, la France s'ennuyait moins que l'a cru Pierre Viansson-Ponté, l'éditorialiste du *Monde*, le 15 mars 1968. Sur la première chaîne de l'ORTF, Paul Anka était venu chanter *Diana*, suscitant plus d'attention que les situationnistes avec leur brochure *De la misère en milieu étudiant* distribuée en novembre 1966 à la fac de Strasbourg.

Ceux qui n'aimaient pas la variété regardaient parfois le football. Sacré champion de France en juin 1967, le Saint-Étienne de Robert Herbin, Rachid Mekhloufi et Jean-Michel Larqué avait repris la saison avec l'ambition d'être couronné une quatrième fois.

Pour ceux qui n'affectionnaient ni les disques 45 tours ni le ballon rond, restaient les livres, la presse, les discussions entre amis sur les idées générales. Autour de Michaël Herszlikowicz, un groupe d'élèves du lycée Turgot commentait les éditoriaux qu'un professeur de philosophie fraîchement nommé avait signés dans l'hebdomadaire *La Nation française* pour tirer les leçons du conflit qui avait opposé Israël à l'Égypte, la Jordanie et la Syrie entre le lundi 5 et le samedi 10 juin — d'où son nom de guerre des Six-Jours.

Normalien et agrégé, chassé de l'Éducation nationale en 1945 en raison de ses liens passés avec le général Giraud dans le cadre du haut-commissariat aux Affaires politiques en Afrique du Nord à Alger, ce nouveau professeur avait pour nom Pierre Boutang. Le 13 juillet 1967, après avoir signé l'éditorial du 604e et dernier numéro de *La Nation française*, il avait conclu une longue décennie presque exclusivement consacrée au journalisme politique. En le nommant dans un lycée fréquenté par de nombreux élèves juifs, son autorité de tutelle a cru punir ce disciple de Charles Maurras à la réputation d'antisémite. Turgot, pour Boutang, a été le contraire d'une sanction. Ce fut une grâce.

Non seulement pour le maître, mais aussi pour ses élèves, comme l'a rapporté Michaël Bar-Zvi. Et notamment les juifs parmi eux.

> « Le premier cours de philosophie du "Vieux", à partir d'un "conte hassidique" de M. Buber, tenait du défi essentiel, une atteinte à la communauté idéologique, un crime de lèse-judéité. Par la suite, les questions sur le jeûne de Kippour et la baleine de Jonas confirmèrent une première impression : le voyage avait déjà commencé. J'étais sur la route avec un homme à la démarche d'un bûcheron de la pensée. (3) »

Au grand scandale des imbéciles, l'homme qui avait écrit *La République de Joinovici* (4), le moins défendable de ses libelles d'après-guerre, n'était plus antisémite, mais philosémite, sioniste et très engagé vis-à-vis d'Israël.

Parce que c'était lui, parce que c'était moi : l'histoire de la rencontre de Pierre Boutang et de Michaël Bar-Zvi, c'est celle d'un athlète de la pensée, qui s'est arraché avec douleur à une tradition antisémite héritée de *La Libre Parole* d'Édouard Drumont et des attaques de *L'Action française* contre les « quatre États confédérés » (5), avec un jeune juif qui avait besoin d'être éclairé sur son judaïsme pour devenir ce qu'il était.

Au cours de l'année scolaire 1967-1968, le maître et l'élève ont noué un dialogue et une amitié destinés à durer – au-delà de la mort, est-on tenté de dire, lorsqu'on lit ensemble *La Politique* et *Philosophie de l'antisémitisme*, *Reprendre le pouvoir* et *Pour une politique de la transmission* (6). Il faut dire qu'elle n'a pas été une année comme les autres. Au mois de mai, elle a été agitée par des événements qui ont précipité l'avenir, et pas nécessairement pour le meilleur. À plus d'un demi-siècle de distance, on a du mal à imaginer à quoi pouvait ressembler l'ambiance dans les lycées et à l'université, à l'apogée du gauchisme politique et du néoléninisme, dans ses versions maoïstes et trotskistes.

La parole du maître avait été dévaluée par le triomphe des trois penseurs majeurs de « l'ère du soupçon » (Marx, Nietzsche, Freud), avant d'être brutalement discréditée par les slogans tracés à la peinture noire sur les murs de Paris : « Ne dites plus : "Monsieur le professeur", dites : "Crève, salope !" » Le philosophe Paul Ricœur, qui a évoqué le premier « l'ère du soupçon », parlait en connaissance de cause. Traîné dans la boue par Lacan et ses disciples au moment de la publication de son essai sur Freud intitulé *De l'interprétation*, Ricœur est devenu une des bêtes noires des enragés de Mai 68, qui ont vu en lui l'incarnation de la figure honnie du croyant. « Ricœur, c'est fini ! » s'est écrié Daniel Cohn-Bendit à la faculté de Nanterre avant de lui verser une poubelle sur la tête.

Pour Michaël Bar-Zvi, ce qui est important dans cet épisode, c'est l'énergie farouche avec laquelle Pierre Boutang a maintenu la possibilité de la transmission. Une possibilité que son élève devenu philosophe à son tour liait intimement à la question sioniste.

> « Pierre Boutang a fait le lien entre juin 1967 et mai 1968. Il avait compris que ce qui s'était joué en 68, le début de la décomposition de la nation française, se trouvait annoncé dans les événements de 67, quand l'Occident n'avait pas voulu voir que son avenir était lié à Jérusalem et Israël et qu'il devait renouer son alliance avec la nation juive. Par là, on comprend que la différence essentielle entre Pierre

> Boutang et Charles Maurras, c'est la Bible. Boutang est catholique, le modèle de la monarchie reste pour lui celui de roi David et du Prince chrétien, tandis que Maurras est foncièrement positiviste, agnostique, plus inspiré par Auguste Comte que par Bossuet. *L'Action française* a même été condamnée par l'Église en 1926. Boutang a réussi à arracher à Maurras une conversion à la veille de sa mort. Il restait persuadé de la sincérité et de la profondeur de ce geste. Mais Maurras n'avait plus vraiment l'esprit très vif à ce moment, je le crains. C'est le lien avec les sources juives du catholicisme qui a permis à Pierre Boutang de surmonter l'antisémitisme dans lequel il avait été élevé et de reconnaître, comme il le fait dans son livre *Maurras, la destinée et l'œuvre*, la faute de Maurras sur cette question. »

Dans *La Pensée anthume* (7), un volume poignant rassemblant une suite de courts textes que Michaël Bar-Zvi a rédigée dans les derniers mois de sa vie, notamment à l'hôpital, avant de mourir le 29 mai 2018, à l'âge de 68 ans, il est question de grandeur et de chevalerie, des yeux du cœur, et du sang de l'alliance… Et naturellement d'Israël – une nation faite à la fois de Parole divine et de sang juif. « Nous sommes le peuple du livre, mais cela ne veut pas dire que le texte est notre patrie, comme le pense George Steiner, et qu'il vient se substituer à la terre. (8) »

Tout au long de sa vie, c'est en s'attachant à comprendre la philosophie de l'antisémitisme que l'historien de l'Irgoun a mieux compris la question sioniste, d'accord avec Pierre Boutang pour juger que les juifs déjudaïsés embrouillaient et l'une et l'autre.

> « La négation du juif existe chez l'antisémite et chez l'assimilé, et d'une certaine manière ils se complètent *[…]* L'antisémite nous propose la discrimination ou le génocide ; l'assimilé l'euthanasie ou le suicide. (9) »

1. Michaël Bar-Zvi, « Les larmes du vieux », in *Pierre Boutang*, L'Âge d'Homme, 2002.
2. Dominique de Roux, *La France de Jean Yanne*, Calmann-Lévy, 1974.
3. *Pierre Boutang, op. cit.*
4. Pierre Boutang, *La République de Joinovici*, Amiot-Dumont, 1949.
5. Juif, protestant, métèque et franc-maçon.
6. Tous réédités par les éditions Les provinciales.
7. Michaël Bar-Zvi, *La Pensée anthume* suivi de *Les Larmes du vieux*, Les provinciales, 2019.
8. Michaël Bar-Zvi, *La Pensée anthume, op. cit.*
9. *Idem.*

LITTÉRATURE

Carnets du Japon : le « pays de neige »

Michaël Ferrier

Les visiteurs étrangers qui ont écrit sur le Japon ont dans leur immense majorité concentré leurs reportages sur les grandes villes modernes ou anciennes du pays, et même plus précisément sur deux d'entre elles : Tokyo, ville de la modernité, ville sans cesse renaissant de ses cendres, sismique et sidérante, et Kyoto, l'ancienne capitale, ville-jardin et ville-temple, spirituelle et fascinante. Sur le reste de l'archipel, multiple, protéiforme, étoilé, nous avons finalement peu de témoignages, hormis quelques études de haute volée (1) : le Japon des côtes et des roches, le Japon des cimes et des crêtes, le Japon des campagnes lointaines, le Japon des promontoires et des escarpements, des neiges profondes et des chemins perdus dans la montagne, tous les Japons hors des sentiers battus attendent toujours leurs poètes et leurs explorateurs.

Michaël Ferrier est écrivain et essayiste. Dernier ouvrage publié : *Notre ami l'atome* (écrits cinématographiques, en collaboration avec Kenichi Watanabe, Gallimard, 2021).
www.tokyo-time-table.com

Justement, mon ami Nakaya m'a invité à faire *yukimi*. Aujourd'hui, le Japon est réputé pour le *hanami* (mot à mot : regarder les fleurs), cette tradition japonaise qui consiste à contempler les cerisiers au printemps pour en apprécier la floraison. Mais le *yukimi*, qui invite à se rassembler pour partager de la nourriture et du saké en regardant un paysage enneigé, est au moins aussi ancien, attesté depuis la période de Nara (710-794).

À l'époque de Heian (794-1185), ce sont les aristocrates et la famille impériale qui organisaient des excursions pour admirer la neige, avant que cette coutume soit reprise, nous apprennent les historiens, par les gens ordinaires. Pourtant, elle existait déjà dans de multiples provinces où, me dit Nakaya, tous les enfants apprennent ce mot avant même d'entrer à l'école primaire : *gôsetsu-chitai*, la zone de neige torrentielle.

En effet, même si on en parle rarement, le Japon est l'une des contrées les plus enneigées du monde. La zone qui va de la côte de la mer du Japon à certaines parties du Chûbu (la partie centrale de l'île principale) est même célèbre sous le nom de « pays de neige », et les Alpes japonaises, qui traversent l'archipel du nord au sud et forment pour ainsi dire sa colonne vertébrale, comptent parmi les plus fortes chutes de neige jamais enregistrées. Les *Histoires de neige du nord de la province d'Etsu*, une énorme encyclopédie de l'époque Edo que j'emporte dans mes bagages, parlent de « chutes de neige de 18 longueurs », c'est-à-dire… plus de 50 mètres. Ainsi, depuis ses flancs maritimes, où soufflent si souvent des rafales de poudres et de pluies mêlées, en passant par son ossature montagneuse, charpente sur laquelle se dépose en abondance un éternel névé, et jusqu'en son cœur, qui bat au rythme des flocons, le Japon est un pays de neige.

*

La famille de Nakaya tient une boutique de tissus à Katayamazu, au bord du lac Shibayama. L'avant de la maison est la façade du magasin, qui donne sur la route principale, et le jardin à l'arrière s'ouvre sur la magnifique surface du lac, dont on dit qu'elle change de couleur sept fois par jour. Toute la journée, on y voit les lagunes couvertes d'herbe et les nombreux oiseaux qui y vivent, des bruants, des mésanges, des alouettes… Katayamazu, terre-ciel immense des vols migratoires : les grues y abondent, et des milliers d'insectes, de crustacés, de crevettes et de crabes, ainsi que des coquillages et des escargots, des grenouilles brunes d'Ezo, des poussins d'algues bleues et des coléoptères rouges… C'est une bourgade modeste, mais on y trouve d'un côté le lac et de l'autre la montagne, si bien que toutes les rues du village débouchent dans l'infini.

Dès l'entrée sur le sol de terre battue, à l'endroit où l'on ôte ses chaussures, on est saisi par un froid immobile et pour ainsi dire vertical, qui vous prend des pieds à la tête et s'élève jusqu'aux solives de la maison. C'est une bâtisse traditionnelle en bois, avec des pièces en treillis à l'étage, sous un entrecroisement de poutres maintenues par des clous, à l'ancienne. L'escalier est à main droite : il vous conduit au premier étage, où prennent place deux pièces de dix et de huit tatamis, séparées par une cloison amovible. Une fois réunies, elles forment la plus belle chambre de la maison, avec une véranda attenante. Humbles, mais généreux, les gens d'ici la réservent aux amis de passage. La charpente, de cryptomère et de cyprès, laisse planer cette fine odeur poivrée si caractéristique du Japon, avec des touches d'agrume légères, entre le cèdre et le citron.

Au rez-de-chaussée, la boutique de tissus a été rénovée dans un style beaucoup plus récent. C'est un grand magasin pour la région, avec une magnifique façade de 18 mètres de long. La section des marchandises générales dispose d'un large sol en terre où sont posées de belles vitrines : lainages et voilages, rideaux, tapisseries, tentures, draperies et kimonos formant une frise magnifique, alignés dans une efflorescence de textures et de couleurs, comme s'ils se préparaient pour une procession ou un combat. Le rayon kimono est particulièrement prisé : les clients peuvent s'asseoir sur les nattes pour faire leur choix. Il n'est pas rare qu'ils y restent pendant une heure ou deux, en contemplant ou en comparant les différentes pièces exposées. La boutique se remplit d'exclamations et les rires de femmes pétillent sur les tatamis comme des rivières de perles qui se défont et s'éparpillent. Un petit enfant déambule au milieu de toutes ces merveilles et se fait souvent gronder pour avoir marché sur les tissus.

Un autre entrepôt se tient à l'arrière de la maison, relié à la cuisine – qui sert également de salle à manger – par un plancher en bois. Le sol est glacé, le plafond est haut, il y a des courants d'air partout. Au centre, une table de chêne est placée au-dessus d'un trou creusé dans le sol et surmontée d'un brasero à charbons incandescents, autour duquel tout le monde s'agglutine, agenouillé sur des nattes de jonc. On mange accroupi autour de la table, le buste plié vers l'avant, les coudes appuyés sur les genoux. Le dîner familial se compose d'un ragoût de poisson ou de légumes, accompagné d'un bol de soupe au tofu.

Parfois, comme ce soir, il y a des invités. Alors, tard dans la nuit d'hiver, on sert le thé, et presque toujours des pleurotes et des lies de saké, pressées comme de fines feuilles de bois et cuites avec du riz ou grillées sur le poêle. Les visiteurs qui viennent de Tokyo offrent quelques présents doux et délicats, des combinaisons de papeterie et de confiserie comme on en trouve à la capitale : de petits biscuits secs emballés dans du papier blanc ou des gâteaux de riz en forme de fleurs. D'autres fois, un chasseur de la région rapporte, vivant, un couple de canards à col vert dans un panier en bambou. Et les conversations se poursuivent pendant une bonne partie de la nuit : une discussion sur les papillons et les saumons rares de la rivière Shibumi, où l'on ira pêcher demain, ou quelques conseils sur les meilleurs endroits où récolter du miel, au bord de la falaise.

Cette nuit, un vent fort souffle, accompagné de grésil. La pluie est glacée, mais toujours pas de neige… Les bourrasques déferlent et le lac est aussi agité qu'une mer. Dans la maison mal fermée, les parois de papier tremblent.

Le sentiment d'être dans les montagnes profondes est plus fort encore par temps de pluie. La plupart du temps, les sommets sont coiffés de nuées blanches, jaunes ou orange, mais lorsqu'elles descendent progressivement, tout le bassin se couvre de légers nuages noirs. Même le lac devant la maison disparaît dans la bruine. Le long hiver du Nord enveloppe le pays d'une brume épaisse.

La vie s'organise en fonction de la neige qui arrive. Le froid est si rude que personne n'ose ouvrir les fenêtres. Au Japon, on chauffe des points, pas des espaces : tous les membres de la famille et les invités se rassemblent dans la même pièce, autour du brasero, la seule source de chaleur, tandis que le reste de la maison est littéralement criblé par le froid. Du bois pour se chauffer, de la laine pour se couvrir et on attend la neige, coupé du reste du monde. On dirait une tribu de marmottes regroupées dans un vallon herbeux sous la muraille des montagnes. Parfois, on voit un mille-pattes ramper dans le couloir. Ensuite, il n'y a plus qu'à attendre, attendre la neige, ce qui est une immense sagesse en soi.

*

Enfin, le lendemain, comme pour fêter notre venue, la neige est arrivée.

Quand la neige se met à tomber, c'est comme si le ciel lui-même tombait sur la terre. Les enfants sortent et tendent les mains au firmament, les paumes ouvertes, le visage radieux : soudain, tout est bousculade et pétillement, son et sens, turbulence, retour au sensible et à sa multiplicité rayonnante. Soudain, tout devient récit pour les longues nuits de veille ou les matins pépiants. Pour les enfants du froid, la neige n'est pas seulement un décor ou un environnement, elle est leur langue maternelle. Dès leur plus jeune âge, on les voit trottiner de bon matin sur la route du village en criant : « *Waï waï ! Yuki !...* La neige ! *Yuki !…* » Pour eux, la neige n'est pas un phénomène météorologique, mais une entité mythologique : un loup blanc gigantesque se jetant sur les passants isolés, quelque sorcière pittoresque tapie dans les greniers et les granges, se nourrissant d'un brouet de farine et de lait sucré et sortant au solstice d'hiver pour se muer en une créature maléfique, poilue, cornue et terrifiante, tour à tour démoniaque et farceuse.

Alors, on redevient enfant soi-même et on pourchasse en riant les petites créatures cotonneuses qui volettent au-dessus des bambins blancs, euphoriques. *Saku... saku...* L'épaisse couche de verglas grince et craque sous les pas... *Crac... crac...* On tente d'attraper les flocons à main nue ou on agrippe une branche de saule pour les poursuivre au passage, les cueillir en plein vol et les aimanter aux feuilles. Enfin, tout à coup, on lève les yeux vers la grande féerie blanche et on comprend : la neige est un caprice d'enfant. Quelques divinités puériles et fines, rieuses, joueuses, là-haut, jettent sur nos fronts cette frêle mousse blanche et nous délèguent pour un instant leurs pouvoirs pour que se gravent en nous, à nouveau, pupilles claires et tête nue, tous les souffles de l'enfance.

1. Voir notamment les deux textes posthumes d'André Leroi-Gourhan, mines d'informations en tous genres : *Un voyage chez les Aïnous, Hokkaïdo – 1938*, Albin Michel, 1989, et *Pages oubliées sur le Japon*, Éditions Jérôme Millon, 2004.

Kafka plus que jamais

Eryck de Rubercy

Franz Kafka mourut d'une tuberculose des poumons et du larynx le 3 juin 1924, un mois avant son quarante et unième anniversaire. Cent ans après sa mort, il demeure l'écrivain dont l'œuvre continue de susciter une révérence que l'on ne réserve qu'aux plus grands, notamment en France où, sous l'impulsion de son découvreur Alexandre Vialatte, ses livres ont commencé d'être traduits, *Le Procès* en 1933, puis *Le Château* en 1938, et *La Métamorphose*. Mais si des études ont proliféré en parallèle, durant longtemps on ne disposa, pour connaître la vie de Kafka, que de l'ouvrage de son ami et exécuteur testamentaire, Max Brod, avant que ne paraisse la biographie américaine d'Ernst Pawel traduite en 1988 (Seuil) puis celles, l'année suivante, de Claude David (Fayard) et de Pietro Citati (Gallimard). Aujourd'hui, voici celle, monumentale, et assurément la meilleure, de Reiner Stach, en trois tomes (1), auxquels son auteur a voué une vingtaine d'années de son existence, de 1996 à 2014.

Eryck de Rubercy est essayiste, critique et traducteur. Dernier ouvrage publié : *La Matière des arbres* (Klincksieck, 2018).

Comme dans l'édition allemande, cette trilogie biographique s'ouvre par le milieu, avec un volume portant seulement sur les années 1910-1915 (*Le Temps des décisions*), qui correspondent à une période productive, celle où Kafka entreprend son *Journal*, écrit plusieurs centaines de lettres à sa fiancée berlinoise, Felice Bauer, rédige *Le Verdict*, *La Métamorphose*, *L'Amérique* et *Le Procès* et commence à publier des pièces chez l'éditeur leipzigois Rowohlt. Concernant ce choix pragmatique, Stach explique

que la question du legs de Max Brod, dont il espérait l'ouverture, a induit cet ordre – les années intermédiaires étant les mieux documentées de la vie de Kafka. S'y ajoutent deux autres volumes, respectivement consacrés aux années 1916-1924 (*Le Temps de la connaissance*) et 1883-1910 (*Les Années de jeunesse*). Soit plus de 3 000 pages au total pour une vie de 40 années et 11 mois, tout entière dédiée à la nécessité vitale de l'écriture.

Mais comment relater de bout en bout une existence sans l'étouffer sous une masse aride de détails et de faits ni la réduire à un petit nombre de grands thèmes récurrents comme le problème du père, celui de la sexualité, la question du judaïsme, ou le problème de l'identité ? Eh bien, Stach, en mettant tout son talent à ériger Kafka en héros romanesque, ne s'inscrit pas dans la lignée de ses biographes, afin de développer chez le lecteur une compréhension empathique que ne pourrait lui inspirer la sécheresse d'un essai biographique. Ainsi réinvente-t-il la biographie comme un genre littéraire mêlant le roman, l'étude psychologique, la réflexion historique et la critique littéraire. Il rend Kafka présent comme il ne l'avait encore jamais été sous la plume de ses exégètes. Ou plutôt de ses accapareurs de messages, que Milan Kundera affublait de l'horrible néologisme de « kafkologues » en leur reprochant de faire de la biographie de Kafka l'élément déterminant, sinon le sens caché, de ses fictions. Cela au point d'aboutir à ce que « le seul sens de l'œuvre *[soit]* d'être une clé pour comprendre la biographie », au lieu de chercher dans son œuvre « le monde réel transformé par une immense imagination ».

Pourtant, Kafka n'avait-il pas ordonné à Max Brod de détruire ses manuscrits inédits après sa mort ? On a beaucoup glosé sur la signification de cet ultime vœu de celui pour qui l'écriture était « une forme de prière », une tentative désespérée de trouver sa place dans le monde. « Chaque homme ne peut créer sur cette terre que ses possibilités spirituelles de survivre », a écrit Kafka, laissant supposer chez lui un souci de la perfection poussé si loin que l'idée de laisser une œuvre à ses yeux inachevée dut lui être insupportable. Max Brod n'a pas respecté le vœu de Kafka et, par cette « trahison », il a permis d'accéder au plus secret, au plus indiscret, de cette œuvre. S'il en avait été autrement, ni James Joyce, ni Robert Musil, ni Marcel Proust, ni William Faulkner, et pas même Malcolm Lowry, n'eurent pu prendre place.

En tout cas, depuis l'immédiat après-guerre, Kafka a influencé tout le monde. Il n'est personne qui ne l'ait invoqué précurseur et grand initiateur. Dans le seul périmètre hexagonal, qu'on se rappelle qu'il fut surréaliste pour les amis d'André Breton, modèle exemplaire de l'école freudienne ou existentialiste avec Jean-Paul Sartre, avant qu'Albert Camus ne fasse de lui le grand romancier de l'absurde (2) et que le Nouveau Roman ne s'en empare. Quel objet de réflexions et de discussions passionnées aura été son œuvre littéraire décidément irréductible aux nombreuses interprétations fondées sur quelque *a priori*. Même mal compris, même dénaturé – par André Gide au théâtre ou par Orson Welles au cinéma –, il n'en a pas moins résisté à tous les traitements, à toutes les contrefaçons. C'est par ambiguïté et pour le confort du lecteur qu'on a été jusqu'à forger le mot « kafkaïen », devenu la métaphore expéditive de l'œuvre tout entière.

Aujourd'hui, devant le bilan d'un siècle, s'impose à l'évidence l'ubiquité du plus vigilant des témoins de son temps – homme humble et retranché qui n'a cessé de se trouver au « vif du sujet ». Ainsi, au cœur de la « Mitteleuropa », dans la situation d'un juif tchèque parlant le yiddish et virtuose de l'allemand, Kafka a-t-il incarné la complexité et les pathétiques contradictions d'une époque au bord de l'abîme et en proie à tous les vertiges. Et s'il est un grand écrivain, c'est notamment parce qu'il a fait d'une certaine tournure d'esprit tracassière et inquisitrice, peut-être donnée concrète de la bureaucratie d'Europe centrale, une forme universelle de la psyché humaine. Qui n'a pas imaginé être, une fois seulement, ce monstre incapable de communiquer avec les autres ou cet inculpé en butte aux magistrats occultes et aux puissances souterraines ? Comment dès lors ne pas être tenté d'assigner aux vues lucides de son œuvre une valeur souvent prophétique ?

La métamorphose « en une véritable vermine » dont fut victime Gregor Samsa, l'implacable procédure qui broie Joseph K. dans *Le Procès*, les vaines démarches de l'arpenteur affrontant une administration tentaculaire dans *Le Château*, les pérégrinations américaines du jeune Karl Rossmann dans *Amerika* (ou *Le Disparu*) ne relèvent-elles pas, en effet, d'une réalité devenue aujourd'hui familière ? Comme l'a dit dans un entretien Reiner Stach, reconnaissant notre société dans celle dont Kafka, soutenu par une force visionnaire, a le plus simplement du monde démonté tous les rouages :

> « Dans *Le Procès*, la victime va être psychiquement détruite avant de l'être physiquement. Or, au XXIe siècle, nous observons un phénomène analogue. Dans chaque ville moderne sont installées des centaines de milliers de caméras. Impossible de téléphoner sans qu'un tiers vous écoute… On procède à des reconnaissances faciales par ordinateur, etc. Voilà qui nous renvoie à Kafka, mais cette

fois-ci d'une façon précise, car c'est exactement cette pratique-là du pouvoir qu'il a décrite. Le monde de Kafka devient seulement aujourd'hui réalité. (3) »

C'est bien là ce qu'admettait déjà Hannah Arendt, lorsqu'elle écrivait à propos de ce monde de Kafka :

« Nous sommes aujourd'hui sans doute plus conscients *[...]* qu'il coïncide de façon inquiétante avec la structure de la réalité que nous sommes contraints d'endurer. (4) »

Mais comment Kafka a-t-il pressenti les abominations qui séviraient après lui : le despotisme du pouvoir bureaucratique, la culpabilisation des citoyens, le viol de leur vie intime ? Non par expérience personnelle, mais en explorant les virtualités de l'action politique. Et l'on se rend compte en lisant ses romans que leur énorme portée résulte de leur non-engagement absolu, de leur indépendance totale à l'égard de tous les programmes. Or, sur ce point, Stach est formel :

« La bureaucratie telle qu'elle est décrite dans *Le Procès* ou *Le Château* n'est ni fasciste ni totalitaire. Il faut regarder le texte à la loupe. Rien n'y fonctionne par la violence mais bien par la surveillance, la destruction de l'intimité. »

Ainsi l'histoire s'est-elle mise à ressembler à du Kafka.

Peut-on alors se méprendre sur la signification de ce combat livré envers et contre tous, envers et contre soi, face à la multitude des forces négatrices ? Ce serait se tromper de ne pas souligner les vertus vitales qui animent une œuvre si peu morbide qu'il est possible. « Ne pas désespérer, même de ce dont on ne désespère pas, voilà exactement ce qui s'appelle vivre », a dit l'auteur de *La Colonie pénitentiaire*, bien plus qu'un être seulement désespéré. Nouvelle occasion d'affirmer que Kafka n'était pas kafkaïen.

1. Reiner Stach, *Kafka, le temps des décisions* (tome I), *Le Temps de la connaissance* (tome II), *Les Années de jeunesse* (tome III), traduit de l'allemand par Régis Quatresous, éditions du Cherche Midi, 2023-2024.
2. « L'espoir et l'absurde dans l'œuvre de F. Kafka », article publié dans *L'Arbalète* dès 1943 et repris plus tard dans *Le Mythe de Sisyphe*.
3. Entretien avec Reiner Stach, propos recueillis par Nicolas Weill in *Le Monde*, 20 octobre 2018.
4. Hannah Arendt, « Franz Kafka : l'homme de bonne volonté », in *La Tradition cachée*, traduit par Sylvie Courtine-Denamy, Christian Bourgois, 1987, p. 107.

Femmes de la *Revue des Deux Mondes* III
Une romancière et trois reporters

Olivier Cariguel

« La Femme-auteur, à notre époque, ne se manifeste plus comme un phénomène isolé, comme une plante de serre chaude, poussée à grand renfort de lumière et de terreau. Elle est devenue un fait collectif, un fait social, car le groupement pressé de celles qui tiennent une plume, et qui s'en servent, suffirait à retenir l'attention de quiconque s'intéresse aux modifications de la Société, considérée comme un vivant organisme. »

Paul Flat, *Nos femmes de lettres*, 1908 (1)

Troisième volet de notre chronique sur la contribution des femmes à l'histoire de la *Revue des Deux Mondes*. Comme la grande presse, elle a ouvert ses livraisons à des écrivaines émergentes et à des aventurières qui expédient de l'étranger des articles qui sentent la poudre, les ruines fumantes ou le sable chaud du désert. De 1914 à 1940, elles sont à l'avant-poste dans des contrées proches ou lointaines.

Je me suis transporté le 3 décembre 1938. J'ouvre *Le Figaro* du jour : « Misogynie à la *Revue.* » Où ça ? Mes craintes se confirment. Hélas oui, c'est bien la *Revue des Deux Mondes* qui est visée par ce titre d'un billet drolatique après les pages d'actualité politique et internationale. La rédaction du quotidien ne disposait pourtant pas d'une cellule de veille et de vigilance à l'affût des atteintes sexistes. Faut-il désespérément conclure que votre mensuel préféré était à la traîne de la société et dépassé par ses évolutions ? Et pire encore… ? Précisons que le grand quotidien disposait alors d'une chronique paramétrée pour ce genre de piques, « Aux quatre vents », signée « La girouette ». Ce matin-là, son auteur épingle avec esprit le dîner de la *Revue des Deux Mondes*, « rite annuel et tradition maintenant séculaire ». Il revendique une position incontestable : quand on ne démérite pas, on a droit à son rond de serviette à l'Union interalliée, quel que soit son sexe, pour cet événement annuel si cher au cœur de René Doumic, son créateur et directeur le plus dynamique de la revue au XXe siècle. Fort de ce principe, « La girouette » met en lumière un paradoxe que l'on n'hésiterait pas aujourd'hui à qualifier de sexiste. Il ne mâche pas ses mots : « Rien ne peut dissimuler l'anomalie accablante : ce grand dîner parisien est un dîner sans femmes. Et qui ne cherche autour des tables Mme Gérard d'Houville, par exemple, dont la collaboration est la parure de la *Revue* ? La brillante romancière André Corthis et Marie-Édith de Bonneuil, qui tient la rubrique de l'héroïsme ? Les dames gardent le droit de faire étinceler le sommaire. Elles n'ont pas conquis encore celui de s'asseoir à table. (2) » Passons en revue ces absentes.

André Corthis, romancière de l'intime

Née à Paris le 15 avril 1882, Andrée Husson (3) dite André Corthis était l'une de ces étoiles au firmament des lettres des années vingt à cinquante, de nos jours oubliée. Pour se faire un nom, elle avait masculinisé son prénom, supprimant le *e* final. Fille, petite-fille et nièce de marins bretons par son père, elle descendait, par sa mère, d'une noble et prestigieuse lignée : les Commène, anciens empereurs de Constantinople. À 12 ans, elle écrit au directeur d'un journal pour jeunes filles afin de lui proposer un roman. À sa grande surprise, il lui répond qu'il l'attend. Elle triche sur son âge, osant : « Mon âge ? Vingt ou quarante ans ? Peu importe… », et souhaite rassurer son correspondant : « Veuillez ne pas me prendre pour une aventurière. (4) » Son premier livre, *Gemmes et moires*, un recueil de poésies, est couronné en 1906 par le prix La Vie heureuse (le futur Femina) dont elle devient la troisième lauréate. Le milieu littéraire a remarqué un talent prometteur, vite passé au roman. Elle sera sacrée par le Grand prix du roman de l'Académie française attribué en 1920 à *Pour moi seule,* prépublié

Olivier Cariguel est historien, spécialiste de l'édition et des revues littéraires du XXe siècle à nos jours. Dernier ouvrage édité : Maurice Garçon, *Huysmans à Ligugé* (Du Lérot, 2019).
ocariguel@yahoo.fr

dans la revue. « Un roman amer, à certaine vue injuste : il mettait en scène une femme et un homme, celui-ci vide sous l'extérieur bellâtre », résumera en 1952 *Le Monde* à la disparition d'André Corthis (5). Elle explore « les forces invisibles de la vie et tout ce qu'elle peut avoir de violent, de secret et de profond » (6). La voilà lancée avec la complicité de l'habile Doumic.

Grâce à cette récompense, un large public va plébisciter ses romans d'analyse intime et sentimentaux. Elle acquiert le statut de femme écrivain la plus importante de la *Revue,* qui lui offre un portrait biographique pour sa rubrique « Silhouettes contemporaines » signée du pseudonyme omnibus Fidus derrière lequel se cache René Doumic. Elle est réservée aux écrivains en vue, aux généraux, aux maréchaux, aux cardinaux (7). Première écrivaine à recevoir un tel honneur, André Corthis devance de neuf ans l'unique autre femme de lettres à être distinguée par cette marque de reconnaissance, à savoir Marie-Louise Pailleron, la petite-fille de François Buloz (8). André Corthis ne devait sa place qu'à la qualité de ses textes, pas à son prénom tronqué.

Colette Yver, « la reine des reporteresses »

La couverture de la Première Guerre mondiale et les reportages à l'étranger ne sont pas l'apanage des hommes. Obligées de combler l'absence des maris ou des frères partis baïonnette au poing, les femmes les ont notamment remplacés dans les usines, le fait est connu. Les privilégiées qui s'occupent de littérature accentuent leur émergence dans l'édition et la presse entamée depuis la fin du siècle. La création du prix La Vie heureuse inauguré en janvier 1905 les a galvanisées. Excellent journaliste observateur de son époque, René Doumic confie à plusieurs femmes la tâche de rapporter des choses vues à la guerre ou à l'étranger. J'en ai repêché trois perdues de vue alors qu'elles avaient acquis une notoriété et paré de leurs noms la couverture saumon de la revue. Colette Yver, appelée en 1894 par sa consœur Séverine « la reine des reporteresses » (9), s'est distinguée par des articles et des romans accueillis à la revue qui peut se féliciter de publier une journaliste d'exception (10). Sa signature est encore un pseudonyme masquant Antoinette de Bergevin (1874-1953), épouse d'Auguste Huzard, elle aussi issue d'une famille de marins, brestois. Le 21 mai 1894, cette jeune veuve d'un reporter estimé par la profession assiste, aux côtés de Maurice Barrès et Georges Clemenceau, à l'exécution de l'anarchiste Émile Henry, âgé de 21 ans. Elle n'a pas encore 20 ans. Pour la première fois, une femme est admise à ce spectacle funèbre. Courageuse, prête à verser dans le journalisme à sensations, elle a interviewé, sans état d'âme, la mère du supplicié juste après sa mort, « pour aller remuer la douleur saignante de cette femme dont l'enfant venait d'être raccourci », commenta le journal *La Grimace* (11).

« Femme de lettres et femme de cœur », quatrième lauréate du prix Femina en 1906 pour *Princesses de science*, militante féministe et de la lutte contre la tuberculose, elle décrit en 1917 pour la *Revue des Deux Mondes* l'installation à Rouen des soldats anglais qui y établissent l'une de leurs bases arrière (12). Les *gentlemen soldiers*, qu'elle renomme « chevaliers d'outre-mer », l'ont conquise. Le long reportage de Colette Yver, à contre-courant d'un récit de guerre brûlant, vaut par la description de l'activité commerciale soutenue de la cité marchande normande qui a été épargnée de la destruction. Il contribue évidemment à soutenir l'espoir patriotique pour montrer l'intense trafic maritime sur les quais de Rouen qui met en échec « le blocus allemand qui devait tout étrangler ». Ainsi, en février 1917, au bout de trois semaines de blocus, 295 « navires de mer » ont-ils pu accoster au port de Rouen, soit 25 de moins qu'en janvier. « On aperçoit le grand tapage et le faible résultat économique d'un blocus qui devait être le cataclysme final. (13) »

Marylie Markovitch, poétesse intrépide sur le front russe

Loin vers l'est, une poétesse bas-bleu dont les écrits restaient cantonnés à de petites revues accomplit son rêve fin mai 1915 : raconter à des lecteurs nombreux ce qui se passe sur le front oriental, du côté de l'ours russe. Née le 12 mai 1866, Marylie Markovitch, de son vrai nom Amélie Néry, partit comme envoyée spéciale du *Petit Journal* et correspondante de la *Revue des Deux Mondes*. Son fils de 17 ans ne l'a pas retenue. Quant à son âge, presque 50 ans, il ne l'a guère freinée. Le fracas du monde, le bruit des armes, l'envie d'être au plus près de l'événement l'ont aspirée. Son profil littéraire ne laissait pas présager sa destinée. Ancienne professeure de lettres, elle a délaissé l'enseignement pour parcourir l'Europe, la Russie et le Moyen-Orient où elle enquête sur la condition de la femme des Balkans, persane ou musulmane. Électron libre féministe que l'on pouvait croire cantonnée à n'être que l'auteur de poésies ou de pièces de théâtre innocentes, elle accomplit sa métamorphose, sa vocation ultime, auprès des soldats de l'armée du Tsar. L'horreur des tranchées, les soins apportés aux blessés, révèlent son tempérament et son intrépidité. Reporter embarquée par l'armée russe, elle porte pour ainsi dire une double casquette : journaliste et infirmière parmi les sœurs de charité de la Croix-Rouge russe. Le *Petit Journal* du 4 décembre 1915 illustre en page un son reportage « Sur la route du front russe. Dans le train de la grande-duchesse » d'une photo de Marylie Markovitch revêtue du voile blanc des sœurs. Tandis que ses confrères hommes piétinent à l'arrière, Marylie Markovitch a l'avantage d'être au contact des lignes ennemies, s'occupant des soldats qu'elle accompagne dans les trains sanitaires impériaux. Elle a même accès aux prisonniers austro-allemands. Sa maîtrise du russe et de l'arabe était l'un de ses atouts. Après quatre reportages brossant un tableau général du front, elle envoie à René Doumic cinq articles d'une série exceptionnelle, « Scènes de la Révolution russe », à partir du 15 mai 1917. Sans doute fut-elle la seule journaliste femme sur place à couvrir les journées de chaos et la fièvre révolutionnaire. À l'issue de ces semaines historiques qu'elle a traversées, ses textes sont réunis en volume. *La Révolution russe vue par une Française* est publié en 1918 à la Librairie académique Perrin, l'éditeur attitré de… René Doumic (14).

Marie-Édith de Bonneuil, l'aventurière du désert

> « C'est le mois de Tammouz, juillet à la brûlante chaleur, consacré au culte d'Adonis. En ce lieu où je cuis et recuis, à 50 degrés à l'ombre – on dit toujours ombre, mais où est celle-ci ? –, est-ce possible qu'une forêt allât jadis de l'Euphrate à Deir ès Zor, le "Couvent des forêts" en arabe ; que les ambassadeurs de Charlemagne, à ces arbres, aient attaché leurs chevaux caparaçonnés, et que, dans ces murs en ruines, ensevelis sous les sables, Haroun-al-Raschid enchantât ses nuits des récits de Shéhérazade ?… (15) »

Au Levant, la Société des Nations a confié à la France, à l'issue du démantèlement de l'Empire ottoman, les mandats de la Syrie et du Liban. Qui est Marie-Édith de Bonneuil Dauban, auteure de cette vision enjambant des siècles d'histoire et côtoyant des escadrons tcherkesses, ces cavaliers montagnards, auxiliaires de l'armée française, « nobles mercenaires au costume noir », portant bonnet d'astrakan, longue redingote pincée à la taille, bottes, yatagan et bashlik, courte petite cape blanche dans le dos (16) ? C'est une grande voyageuse et une aventurière hors norme devenue une fille du désert africain et moyen-oriental. D'origine mauricienne, Marie-Édith de Bonneuil Dauban vit le jour le 13 novembre 1885 à Pamplemousses, localité au nord-ouest de l'île réputée pour son jardin botanique. « Et dans ses veines, une goutte de sang breton lui chuchotait que les vrais Paradis sont ceux que l'on conquiert par le risque et la lutte à travers les océans immenses et les terres mystérieuses » (17), nous renseigne son amie la journaliste et exploratrice Odette du Puigaudeau.

Une fois mariée, elle séjourne à Madagascar. Nomade dans l'âme, elle ne « compte plus ses allées et venues, banales pour elle, entre l'Europe et les Îles » (18). Après un tour du monde entamé en 1921, cette voyageuse s'installe à Paris. On sait peu de choses sur sa vie, hormis ce que l'on peut relever de ses stations à partir de ses nombreux articles publiés dans les quotidiens et les hebdomadaires de l'entre-deux-guerres. Les connaisseurs ont retenu d'elle sa fascination aveugle pour le régime de Mussolini qu'elle accompagne, pour la *Revue des Deux Mondes,* pendant son voyage en Tripolitaine en 1937. Parmi « les cent cinquante journalistes de tous les poils et couleurs, petite Société des Nations en comprimé » (19), seules cinq femmes journalistes ont été invitées. Purement descriptif et écrit sur un rythme haletant, son reportage « Heures d'Afrique avec Mussolini », qui paraît dans le numéro du 15 avril 1937 de la *Revue des Deux Mondes*, reste modéré, face au Duce, contrairement aux articles que Marie-Édith de Bonneuil adressa deux ans auparavant au *Journal*. Le quotidien, embarrassé par son manque d'objectivité, dut se séparer d'elle en 1935. Le directeur du *Journal* craignait d'être accusé de propagande pour absence d'impartialité. Elle est contrainte de proposer ses services à partir de décembre 1935 à d'autres quotidiens, comme *L'Écho de Paris* et *Le Petit Marseillais* (20). À la *Revue*, Doumic et son escouade de *rewriters* maison, qui sont les dépositaires de la formule magique du ton et du style garantissant son succès depuis Buloz, se prémunissent de ses embardées. Ils manient les ciseaux avec dextérité et ménagent le lectorat à une époque où Mussolini n'est pas si décrié en France. Malgré une scène montrant la soumission de chefs guerriers arabes au « Duce désormais protecteur de l'islam » après la remise d'une épée, certains élans de cette journaliste d'adhésion, prise par la fièvre de son sujet, sont contenus. Le lecteur doit être nourri de choses vues sur le vif et dépaysé. Le compte y est, mais aucun regard critique n'est porté. En avion, en train, en auto ou à cheval, Marie-Édith de Bonneuil, correspondante de guerre, emmène le lecteur en Abyssinie avec les troupes italiennes, subjuguée par le vertige de l'action et les parades militaires. Pour sa hardiesse et sa complaisance envers l'impérialisme fasciste, l'ambassadeur d'Italie à Paris la décora de la croix de guerre italienne avec citation sur le champ de bataille et de la médaille militaire de la campagne avec palme.

Soufflant depuis la Libye, l'Érythrée, l'Éthiopie, la Somalie, la Turquie ou l'Irak, les vents brûlants de l'aventure sont entrés dans les pages de la revue.

À suivre...

1. Paul Flat, *Nos femmes de lettres*, Librairie académique Perrin, 1908, « préface », p. 1.
2. La girouette, « Misogynie à la *Revue* », *Le Figaro*, chronique « Aux quatre vents », 3 décembre 1938, p. 5.
3. Andrée Magdeleine Husson dite Corthis est née dans le VIIIe arrondissement parisien.
4. Épisode rapporté p. 826-827 dans l'article de Fidus, « Silhouettes contemporaines (V). André Corthis », *Revue des Deux Mondes*, 15 juin 1920, p. 816-833.
5. R.C., « Mort d'André Corthis », *Le Monde*, 11 août 1952.
6. Fidus, « Silhouettes contemporaines (V). André Corthis », *art. cit.*, p. 887.
7. *Idem.*
8. Fidus, « Silhouettes contemporaines. Mme Marie-Louise Pailleron », *Revue des Deux Mondes*, 15 décembre 1929, p. 887-896.
9. Séverine, « Pour un des nôtres ! », *Le Journal*, 14 juillet 1894, p. 1.
10. Colette Yver, « Rouen pendant la guerre », *Revue des Deux Mondes*, 1917, p. 811.
11. Georges Bodereau, « Au Café du Croissant », *La Grimace*, 1er novembre 1911. Article cité par Marie-Ève Thérenty dans *Femmes de presse, femmes de lettres*, CNRS Éditions, collection « Biblis », 2023, p. 217.
12. *Idem.*
13. Colette Yver, « Rouen pendant la guerre », *art. cit.*, p. 824.
14. Nous nous permettons de renvoyer à la réédition établie et annotée par nos soins de *La Révolution russe vue par une Française* aux Éditions Pocket, en coédition avec la *Revue des Deux Mondes*, dans la collection « Agora » en 2017.
15. Marie-Édith de Bonneuil, « En Mésopotamie avec les escadrons tcherkesses », *Revue des Deux Mondes*, 15 janvier 1938, p. 359.
16. *Idem*, p. 360.
17. Odette du Puigaudeau, « Madame Marie-Édith de Bonneuil nomade », *Les Dimanches de la femme*, supplément de *La Mode du jour*, 23 septembre 1934, p. 2.
18. *Idem.*
19. Marie-Édith de Bonneuil, « Heures d'Afrique avec Mussolini », *Revue des Deux Mondes*, 15 avril 1937, p. 934.
20. Voir Valérie Boulain, « En premières lignes... les routes impériales des journalistes Marie-Édith de Bonneuil Dauban et Titaÿna dans l'océan Indien, 1930-1940 » in Évelyne Combeau-Mari (dir.), *Les Voyageuses dans l'océan Indien. XIXe siècle-première moitié du XXe siècle. Identités et altérités*, Presses universitaires de Rennes, 2019, p. 261.

ÉTUDES, REPORTAGES, RÉFLEXIONS

L'armée de terre face aux bouleversements géopolitiques

Pierre Schill

Ukraine, Gaza, Sahel, Taïwan : le premier semestre 2024 est placé sous le signe des tensions internationales. Les foyers de crise se multiplient et portent en eux des risques d'engrenage ou d'extension. Une telle période invite à la réflexion : comment agir tout en adaptant l'armée de terre aux missions de demain ? En tant que chef d'état-major de l'armée de terre, mon objectif est que la puissance démontrée par nos forces infléchisse les tendances, contribue à dénouer des conflits et crée des solidarités ; qu'elle dissuade les attaques contre la France, sa population, son territoire et ses intérêts.

Fixant l'emploi de nos ressources pour la période 2024-2030, la loi de programmation militaire (LPM) a été adoptée le 13 juillet 2023. Jusqu'au dernier moment, des débats se sont tenus sur la nature des marches budgétaires, sur la part accordée à l'entraînement par rapport à l'investissement, sur la priorité donnée à tel programme d'armement par rapport à tel autre. Ces aspects concrets de notre programmation militaire ne doivent pas masquer l'enjeu véritable : la manière dont les armées concourent à l'ambition que la France se fixe en tant qu'État.

Le général Pierre Schill est chef d'état-major de l'armée de terre depuis 2021.

L'élaboration de la LPM a constitué un moment important pour deux raisons principales. Tout d'abord parce que le contexte stratégique, marqué notamment par le retour de la guerre en Europe, imposait de revoir nos ordres de grandeur : le paradigme des dernières décennies qui polarise les missions de la défense entre la dissuasion nucléaire d'un côté et les missions de prévention ou de gestion de crise de l'autre n'est plus aussi pertinent. Surtout, l'augmentation importante du budget des armées prévue sur la période (413 milliards d'euros de dépenses sont planifiés) témoigne d'une volonté de la France de demeurer une puissance capable de peser en s'appuyant notamment sur son outil militaire.

Les débats ont couvert le champ le plus large : analyse du contexte international, depuis l'Ukraine jusqu'au détroit de Taïwan, sans oublier l'instable « arc de crises » qui court de Dakar à Kandahar ; identification des menaces les plus manifestes ; projection sur la conflictualité des prochaines années ; définition conséquente de modèles d'armée. Dans cette dynamique et face aux défis de l'ère stratégique qui s'ouvre, que je crois comparables aux bouleversements qui ont accompagné la fin du bloc soviétique en 1991, l'armée de terre a entamé une transformation profonde au service de l'ambition d'une France « puissance d'équilibres et d'entraînement ».

Une nouvelle ère stratégique

Regardons le monde de manière clinique. Plusieurs décennies de paix, émaillées de déploiements limités de corps expéditionnaires dans des missions de gestion de crise, ont conduit les sociétés occidentales à sous-estimer la réalité des rapports de force et des volontés de puissance. Les retours d'expérience des guerres actuelles interpellent. Ils vont à l'encontre d'un espoir qui était aussi une ambition portée depuis la fin de la Seconde Guerre mondiale et plus encore depuis la fin de la guerre froide : marginaliser la guerre jusqu'à la rendre illégale, cantonner les armées à la gestion de crise, écarter la violence. Le projet d'un « nouvel ordre mondial » reposant sur la souveraineté des États, le droit international garanti par le Conseil de sécurité des Nations unies et le règlement des différends par la négociation est contesté. Il est présenté comme contingent et occidental, voire battu en brèche. À rebours des aspirations pacifiques des pays européens, les conflits qui s'installent aux marches de notre continent témoignent moins du retour de la guerre que de sa permanence comme mode assumé de résolution des conflits. C'est un constat qu'il faut partager avec nos concitoyens ; les questions de défense ne concernent pas que les militaires ou les initiés.

Conflit prévisible depuis l'annexion de la Crimée en 2014 ou « surprise stratégique » qui remet la guerre aux portes d'un continent qui s'en croyait prémuni, « l'opération militaire spéciale » revendiquée par la Russie nous fait entrer dans une nouvelle ère stratégique. En envahissant l'Ukraine, la Russie remet en question l'ordre international sur lequel étaient fondées à la fois notre sécurité et notre prospérité. Mais ne nous leurrons pas : l'évolution du contexte stratégique ne s'évalue pas uniquement à l'aune du conflit ukrainien, même si ce dernier est devenu central dans notre horizon de sécurité. Mis en perspective avec l'actuelle intervention d'Israël contre le Hamas à Gaza, mais aussi avec les conflits de Géorgie en 2008 et du Haut-Karabagh en 2020 et 2023, voire avec les déclarations martiales du Venezuela au sujet de l'Esequibo, territoire du Guyana revendiqué par Caracas, le conflit ukrainien joue le rôle de révélateur en rappelant des réalités implacables : la tentation de la guerre demeure un mode de résolution des différends ; la guerre de conquête territoriale n'appartient pas au passé ; la crise paroxystique que constitue la guerre, le résultat de cette théorie des actions réciproques qu'avait décrite Clausewitz, culmine dans l'affrontement de ce que les nations ont de plus précieux : leur population, et en particulier leur jeunesse ; la victoire à distance (*stand off*) est un mirage ; les alliances sont aussi indispensables que fragiles.

Ce conflit nous rappelle aussi qu'un pays peut se faire entraîner dans une guerre sans en décider les modalités. Pour la France, l'Europe et le monde occidental, à bien des égards tentés par une confortable « fin de l'histoire », cela constitue une rupture. Depuis les années quatre-vingt, la France a développé ses capacités de projection de corps expéditionnaire. Certaines ont été déployées sur court préavis dans des contextes difficiles, mais dans tous les cas en bénéficiant d'un « confort opératif ». C'est la période des « guerres choisies ». L'adversaire pouvait certes causer des pertes, mais une défaite n'était pas possible dans un rapport de force fortement en notre faveur, notamment en termes de supériorité aérienne. Cette période s'achève. Au-delà du désengagement des forces françaises du Sahel, avec notre retrait du Mali puis du Niger, qui en constitue une étape d'autant plus marquante qu'elle se déroule dans une relation tendue avec les nouveaux pouvoirs de Bamako et Niamey, nous entrons manifestement dans une phase caractérisée par des engagements qui peuvent désormais être subis. Nos alliances militaires, diplomatiques et politiques, la nature des compétiteurs, les moyens engagés et les modes d'action utilisés rendent possible notre implication dans des conflits que nous aurions voulu éviter.

Pour le chef de l'armée de terre française que je suis, analyser les conflits est riche d'enseignements. Sur le terrain, je l'ai souligné, s'impose le constat du retour de la violence guerrière en miroir de l'affaiblissement des règles internationales. Elle va de pair avec le développement technologique. Le fantasme d'un combat moderne, mené intégralement à distance grâce aux nouvelles technologies, s'est évanoui. Les nouvelles formes de conflictualité s'ajoutent aux anciennes sans les remplacer : la guerre électronique n'est pas exclusive de combats dans les tranchées, les attaques cyber de duels d'artillerie, les manipulations informationnelles de combats urbains maison par maison, et les missiles hypervéloces de frappes de drones à bas coût. Les guerres récentes marquent l'entrée dans ce nouveau contexte stratégique. Elles permettent de distinguer quelques tendances. J'en retiens quatre.

Tout d'abord, l'emploi de nouveaux outils et de nouvelles méthodes : la mise en œuvre massive des drones, le déni de la supériorité aérienne par le sol, la guerre électronique et l'hybridation des moyens (mélange de *high-tech* et de *low cost*) en sont les manifestations les plus visibles. La guerre est aussi le reflet de son époque : d'une société du numérique et de l'information est née une guerre qui a accru le rôle de la donnée, des systèmes d'information et de la fluidité de l'information.

Ensuite, force est de constater que l'emploi de la haute technologie n'est pas exclusif d'affrontements qui relèvent des fondamentaux de la guerre au sol la plus classique : combat en localité bâtiment par bâtiment, emploi massif des feux, utilisation des chars pour percer des lignes de front, minage et réalisation de tranchées. Les images de Choucha, Bakhmout ou Avdiïvka nous rappellent à juste titre celles de Verdun ou, la proximité géographique en plus, de Stalingrad.

Les conflits actuels amènent également à reconsidérer la notion de masse. Le temps où l'on pouvait influer sur le cours de l'histoire avec trois cents soldats est révolu. Il n'y a plus de « petites guerres », même sur les théâtres africains ou moyen-orientaux, tant l'usage de certaines technologies de pointe s'est répandu : les milices houthistes, appuyées par l'Iran, en donnent un exemple en contestant la libre circulation en mer Rouge avec des missiles antinavires de haute technologie.

Enfin, comme dans les guerres mondiales du XXe siècle, l'arrière joue un rôle fondamental à plusieurs titres. Il constitue un front tant il est connecté à l'avant. Il peut être la cible d'attaques matérielles ou immatérielles (campagnes de désinformation, manipulation). Il est le lieu de la résilience. C'est là que la volonté tient. C'est là que l'on recrute et que l'on forme pour tenir dans la durée. C'est là que l'économie de guerre se met en mouvement et que les industries s'organisent pour produire et alimenter les unités engagées en première ligne.

Ces lignes de force me paraissent cruciales pour appréhender la guerre qui vient. Il serait pourtant illusoire d'imaginer que nous possédons les clés pour décrypter de manière définitive les codes de l'ère stratégique qui s'ouvre. Une montée de fièvre à Taïwan, en mobilisant les gigantesques appareils militaires chinois ou américains, peut ramener le conflit ukrainien à une péripétie. Un dérapage à Zaporijia peut entraîner une réaction en chaîne incontrôlée.

Au service d'une France « puissance d'équilibres et d'entraînement »

Face au rapport de force et aux nouvelles formes de guerre, la France possède des atouts majeurs. Du fait de sa géographie et de l'état de prospérité au sein de l'Union européenne, aucun adversaire ne menace ses frontières métropolitaines. La contestation de la souveraineté des territoires français hors de l'Hexagone existe, mais reste marginale. La dissuasion nucléaire sanctuarise nos intérêts vitaux.

Pourtant, la France n'est pas à l'abri des tensions qui se manifestent partout dans le monde. Elle a des responsabilités internationales. Elle a des intérêts et des territoires dans toutes les aires géographiques. Elle est liée par des accords de défense à des États exposés à des menaces majeures. Pour se prémunir d'agressions à son égard et défendre ses intérêts, l'armée française choisit de se préparer aux engagements les plus durs, de le faire savoir, et de le démontrer. *Si vis pacem, para bellum.* Il faut « gagner la guerre avant la guerre ».

Dans la compétition entre blocs stratégiques qui dominera les prochaines décennies, la France, État doté, souhaite jouer un rôle de puissance « d'équilibres et d'entraînement ». L'armée de terre se met au service de cette ambition en se transformant : elle évolue d'une organisation jusqu'alors optimisée pour la gestion de crise à une structure orientée vers les besoins croissants de renforcement de la souveraineté et de consolidation de la solidarité stratégique. Dès lors, en étroite coordination avec les autres armées, notamment pour l'épaulement de la dissuasion et les impératifs de projection de force, l'armée de terre est appelée à produire des effets dans trois espaces stratégiques :

Il y a d'abord, c'est une évidence géographique, la protection et la défense de la souveraineté du territoire national, dans l'Hexagone comme outre-mer, la participation à la résilience de la nation et la formation de l'esprit de défense. À travers la « posture de protection terrestre », les armées s'engagent en permanence dans des missions de protection, de défense militaire et non militaire du territoire, et outre-mer de souveraineté (20 % des membres de l'armée de terre sont des jeunes hommes et femmes originaires des territoires ultramarins). Si aucune menace directe ne pèse sur notre espace métropolitain, elles sont en mesure de réagir pour contribuer à l'assistance aux populations et pour accroître le niveau de protection du territoire, des populations et des installations militaires et civiles cruciales, le cas échéant jusqu'à la défense opérationnelle du territoire. À l'heure où les débats sont nombreux sur le délitement du lien social, l'armée de terre participe ainsi au développement de l'esprit de défense par sa proximité des territoires (un tiers de nos effectifs sont stationnés, des Ardennes aux Pyrénées, au sein de garnisons souvent situées dans de petites villes) et à travers de nombreux dispositifs dont ceux destinés à la jeunesse et à la réserve opérationnelle et citoyenne. Sur le territoire national, l'armée de terre se tient prête, en permanence, à intervenir sur court préavis en complément des forces de sécurité intérieure, en cas d'attaque terroriste par exemple, ou de manière planifiée comme pour les Jeux olympiques de Paris 2024, qui constitueront un point d'attention particulier. Face à l'impératif de résilience de la nation, l'armée de terre s'engage dans la transformation de sa réserve opérationnelle. Elle va en changer le modèle, en renforcer les effectifs pour atteindre le seuil d'un réserviste pour deux soldats d'active et opérationnaliser sa contribution au service national universel (SNU) en la dédiant prioritairement à la protection du territoire national.

Il y a ensuite, impératif souligné par la guerre en Ukraine, la solidarité stratégique avec nos alliés, dès la phase de compétition, principalement en Europe, mais aussi au Moyen-Orient où la France sera en mesure d'honorer ses alliances, ses accords de défense et ses partenariats stratégiques. Des forces terrestres, puissantes, modernes, entraînées et interopérables, permettent à la France de répondre aux exigences de la défense collective contre ce que le livre blanc de 2008 et la revue nationale stratégique de 2022 désignent comme les « menaces de la force ». Elles garantissent notamment à la France la capacité de s'engager en coalition comme nation-cadre au sein de l'Otan, comme dans une coalition *ad hoc* (disponibilité d'un poste de commandement et d'éléments organiques de corps d'armée et de division). Cette posture contribue à marquer la volonté militaire, à travers l'organisation ou la participation à des exercices de déploiement constituant des signalements stratégiques et renforçant la crédibilité de l'appareil de défense. Elle s'appuie également sur une force de frappe aéroterrestre immédiatement employable dans la profondeur pour devancer les stratégies de fait accompli de certains compétiteurs. En Europe, l'armée de terre est aujourd'hui prépositionnée en Pologne (mission Gerfaut de formation des soldats ukrainiens), en Roumanie (800 soldats français de la mission Aigle, en coopération avec la Belgique et les Pays-Bas, pouvant être renforcés jusqu'à une brigade de plusieurs milliers d'hommes en cas de besoin) et en Estonie (300 soldats de la mission Lynx). Nos alliés prennent d'ailleurs les mêmes dispositions, l'Allemagne ayant annoncé le stationnement d'une brigade en Lituanie.

Enfin, en dépit des soubresauts actuels de notre engagement au Sahel, demeurent la prévention et l'influence, en Afrique, au Moyen-Orient, dans l'océan Indien et jusque dans le Pacifique. La prévention et l'influence sont au cœur de la manœuvre permettant de « gagner la guerre avant la guerre » dans la compétition comme dans la contestation et de contenir les « risques de la faiblesse ». Véritables « sentinelles avancées », les forces françaises déployées outre-mer et à l'étranger, à proximité des zones de crise, soutiennent les partenariats de la France avec de nombreux États (équipements, formations, entraînement, voire accompagnement au combat), au sein d'un dispositif global interministériel, souvent interallié, tout en constituant un échelon de réaction immédiate en cas de crise. Elles participent également aux actions d'influence pour consolider la légitimité de notre action face à des compétiteurs (de la Russie à la Chine) cherchant à la discréditer et à entamer la confiance de ses partenaires. Elles s'engagent au cœur ou à proximité de « zones grises » contestées, au sein de manœuvres interarmées et par des modes d'action mobilisant les contributions les plus larges, en particulier européennes. Elles entraînent les partenaires en étroite concertation avec les acteurs locaux pour répondre à leurs attentes. Elles permettent de peser sur la définition de nouveaux équilibres et de développer des stratégies de long terme.

La loi de programmation militaire nous offre les moyens de ne pas choisir de manière exclusive entre ces espaces stratégiques. On aurait pu retenir un autre modèle, celui qui prévalait dans les années de la guerre froide : une armée lourdement équipée, prête à l'affrontement avec l'adversaire soviétique, une force d'action rapide (FAR) plus légère, facilement déployable en Afrique, et une armée territoriale reposant principalement sur des réserves mobilisables. Contrairement à d'autres pays européens, la France conserve cette ambition d'armée complète, sans renoncements. Certains esprits critiques pointent « l'armée bonsaï » dont nous disposerions désormais. Je préfère y voir, dans les conditions sociales, politiques et stratégiques du moment, la priorité de la cohérence sur la masse.

Solidarité stratégique

À mes yeux, l'essentiel est l'ambition de notre pays, dans son environnement proche comme dans les zones de crise, d'être en mesure d'intervenir en coalition et d'y peser dans un double impératif d'autonomie et de solidarité stratégique. Vis-à-vis des États-Unis, comme de nos alliés européens, cette démarche est nécessaire. Washington organise chaque année, entre les « rouges » et les « bleus », de vastes exercices militaires où le combat de masse est engagé (exercice Warfighter). La France se doit d'y apparaître crédible. C'est pourquoi elle rehausse le niveau de sa capacité d'engagement. À l'ère des corps expéditionnaires de niveau bataillon ou régiment succède celle de l'unité de mesure brigade, division et état-major de corps d'armée.

Conformément à son contrat opérationnel, l'armée de terre peut se mobiliser, si nécessaire, jusqu'à l'hypothèse d'un engagement majeur : elle peut assumer, comme nation-cadre, le commandement d'un corps d'armée multinational et déployer sur un théâtre éloigné des forces puissantes jusqu'au volume d'une division. Le commandement de niveau corps d'armée est l'outil polyvalent qui permet tout à la fois d'assumer la responsabilité du commandement d'une opération interarmées ou d'une composante terrestre en tant que nation-cadre dans un conflit majeur, mais aussi de commander une opération de gestion de crise en rassemblant les contributions de partenaires, voire de commander un engagement autonome. La crédibilité de ces forces, démontrée dans le cadre des alertes et exercices de l'Otan, assoit la crédibilité de notre cadre terrestre dans les autres cadres d'emploi, en Europe comme au large.

La solidarité stratégique avec nos alliés, principalement en Europe et au sein de l'Otan, impose à la France de se tenir prête à honorer ses accords de défense. Des forces terrestres entraînées et interopérables avec les armées alliées répondent aux exigences de la défense collective. À cet égard, le conflit russo-ukrainien est riche d'enseignements. La dissuasion nucléaire n'est pas une garantie universelle. Elle ne prémunit pas d'affrontements qui demeurent sous le seuil des intérêts vitaux. L'armée de terre intègre cette nouvelle donne stratégique. Parce que l'on change d'échelle, la crédibilité militaire s'exprime par la réactivité en termes de projection de force et la capacité à commander une opération d'envergure accrue. La France en coalition a la capacité d'engager une division, soit environ vingt mille hommes, dans un délai de trente jours. Elle se dote d'une capacité à commander un corps d'armée, soit jusqu'à soixante mille hommes, qui agrège des capacités nationales de haut du spectre militaire à plusieurs divisions alliées.

C'est le contrat que se fixe l'armée de terre. L'état-major de corps d'armée est l'outil indispensable pour diriger des opérations terrestres d'intensité variable, depuis des missions de gestion de crise ou de réassurance jusqu'à un engagement de haute intensité. Il est l'outil de puissance, l'instrument diplomatique et militaire qui garantit à la France la capacité de s'engager comme nation-cadre au sein de l'Otan, comme au sein d'une coalition *ad hoc*, sur un théâtre européen ou dans une zone de crise qui justifierait son intervention.

La montée en gamme vers des moyens de commandement plus performants et des capacités de déploiement plus importantes marque la volonté militaire de peser demain dans le jeu des puissances. Être nation-cadre répond à la vocation d'une France « puissance d'équilibres et d'entraînement » : conserver sa liberté d'action, prendre la tête d'une opération et affirmer ses vues dans le cadre d'une coalition. Cette ambition est au cœur de la crédibilité française dans l'Otan, au sein de l'Union européenne, comme vis-à-vis de nos alliés, quels qu'ils soient. Elle s'inscrit dans la grammaire de la dissuasion en offrant des marches supplémentaires avant que soient menacés nos intérêts vitaux ; elle témoigne d'une détermination de nature à décourager un adversaire éventuel pour « gagner la guerre avant la guerre ».

L'instabilité du contexte stratégique est paradoxalement une opportunité. L'armée de terre souhaite la saisir pour s'adapter aux changements à venir, protéger ses concitoyens et contribuer aux ambitions de la France. La transformation amorcée vers une armée de terre de combat permettra à notre pays de disposer d'une armée engagée en permanence pour faire face aux défis de demain. Sa structure plus opérationnelle et simplifiée la rendra capable de s'adapter aux inflexions à venir.

Elle nous rendra plus crédibles vis-à-vis de nos alliés du Pacte atlantique, en particulier ces États de l'est de l'Europe, des États baltes à la Pologne et à la Roumanie, qui voient la guerre en Ukraine comme l'avant-garde d'une nouvelle invasion russe. Mais elle doit aussi nous permettre de construire, avec nos partenaires européens, l'autonomie stratégique qui demeure un de nos objectifs. À cet égard, le projet MGCS de char du futur est un des chantiers qui doit nous ouvrir à une plus grande interopérabilité avec l'Allemagne puis avec d'autres partenaires européens.

Dans tous les cas, tout en se transformant, « l'entreprise » armée de terre continue de tourner : « Pendant les travaux, la vente continue. » Notre armée est prête à se déployer, dès ce soir, pour défendre les intérêts de la France sur un spectre d'engagement allant d'un corps expéditionnaire dans une zone de crise jusqu'à une hypothèse d'engagement majeur en coalition dans un conflit de haute intensité.

Le temps n'est plus à la seule analyse des conflits qui nous entourent. L'armée de terre s'adapte pour assurer la sécurité des Français et contribuer à celle des Européens. Dans ses villes de garnison, en exercice ou en opération, elle est fière d'incarner la force et les valeurs de la nation. Elle est fière qu'une part importante de la jeunesse de France rejoigne ses rangs. Quelles que soient les évolutions de la situation internationale, quelles que soient les conditions de son engagement, les Français peuvent en être convaincus : leurs soldats répondront présents.

Arménie : la trahison russe

Christian Makarian

Sans bruit ni furie, après tant de souffrances infligées par des ennemis pleins de haine, l'Arménie suit son chemin de croix. Elle se bat et se débat pour essayer de conserver une part de l'essentiel après la terrible défaite de l'automne 2020, suivie par le nettoyage ethnique du Haut-Karabakh au mois de septembre 2023. Deux coups de hache historiques pour un petit peuple de trois millions d'âmes, qui vit dans la hantise d'une troisième lame. Nul doute qu'un choc supplémentaire serait fatal à la petite république. C'est pourtant le risque réel qui se dessine et que toute la logorrhée de l'adversaire entend confirmer. Depuis la « liquidation » du Haut-Karabakh, il y a moins d'un an, aucune règle internationale n'a pu infléchir la détermination de l'Azerbaïdjan et de la Turquie à étrangler définitivement l'Arménie, à la percer de part en part, à la transformer en conservatoire culturel privé de la souveraineté étatique. Au vrai, les circonstances ont rarement été aussi défavorables au peuple arménien, alors même qu'une embellie économique et un vrai libéralisme politique sans pareils se font jour au pied de l'Ararat.

Christian Makarian est journaliste. Dernier ouvrage publié : *Généalogie de la catastrophe. Retrouver la sagesse face à l'imprévisible* (Cerf, 2020).

Deux logiques nationalistes turciques sont en marche, il semble que rien ne les arrêtera – ce qui n'a absolument rien de nouveau. Mais l'arbitre du Caucase, qui a paradoxalement laissé éclore un sentiment national arménien en échange de son allégeance à Moscou, a pris clairement parti pour les frères turcs – ce qui constitue réellement la nouveauté. Jusqu'en 2018, on pouvait affirmer que Vladimir Poutine, dont toute la géopolitique est maffieuse, maintenait l'Arménie dans une fiction d'indépendance au nom de la féroce appartenance de ses dirigeants au clan du maître du Kremlin. Cela ne conférait aucune sécurité durable au petit État, plusieurs fois attaqué par des forces azerbaïdjanaises en accroissement constant, mais l'illusion était parfaite pour la durée du règne des apparatchiks arméniens issus du décalque russe : le Haut-Karabakh, d'où étaient originaires les deux derniers présidents arméniens, Robert Kotcharian et son affidé Serge Sarkissian, restait fictivement indissociable de l'Arménie, et encore plus inséparable du bon vouloir de la Russie.

Vu de Moscou, on ne met pas fin à un tel attelage sans avoir de meilleure carte à jouer. Contrairement à un préjugé tenace, c'est bien plus le changement de paradigme du Kremlin que l'avènement du démocrate populiste Nikol Pachinian qui a modifié la donne. Au demeurant, Pachinian n'a pris ses distances avec la Russie qu'en raison des liens très malsains que ses prédécesseurs entretenaient avec les pires représentants du régime Poutine.

C'est là où Ilham Aliyev, dirigeant satrapique d'un Azerbaïdjan drogué au nationalisme, a su jouer plus finement. Aliyev a saisi le moment. Sans doute les Russes riaient-ils à gorge déployée dès que leurs « amis » arméniens quittaient la pièce où la vodka avait coulé à flots entre deux accolades ; mais nul ne connaissait les desseins à long terme du calculateur Vladimir, futur envahisseur de l'Ukraine (le plus frère des pays frères). Il est absolument impensable que l'offensive turco-azerbaïdjanaise du 27 septembre 2020, en pleine épidémie de Covid-19, ait eu lieu sans l'aval de Moscou, qu'il s'agisse d'un feu vert ou d'un simple clignement des yeux. La suite l'a prouvé ; on a vu une force russe de 2 500 hommes s'installer au Haut-Karabakh, certes, mais on ne l'a pas vue intervenir au profit de ses habitants lorsque ces derniers ont été malmenés par la soldatesque azérie. La « trahison » russe, entièrement voulue par Poutine, est une donnée historique ; elle contrevient à une longue tradition.

Non seulement l'Arménie, « pays frère » (Dimitri Medvedev), n'a pu que hurler sa douleur en dénonçant la trahison de la Russie au Haut-Karabakh, mais l'Azerbaïdjan et la Turquie se sont gaussés de leur côté de la dévaluation vertigineuse de la protection russe naguère offerte aux Arméniens.

Un symbole terrible de l'affaiblissement russe a surgi à travers l'arrestation très médiatisée, le 27 septembre, de Ruben Vardanian, milliardaire et mécène qui a brièvement occupé le poste de ministre d'État de la république d'Artsakh (nom arménien du Haut-Karabakh). Vardanian est un banquier d'affaires qui a connu une grande réussite en Russie, où il compte de nombreux amis parmi les oligarques les plus proches de Poutine. Sa reconversion, en 2022, en tant que responsable gouvernemental de l'Artsakh, alors qu'il était au faîte d'une prospérité paisible en Russie, est non seulement la marque d'un grand courage, mais elle doit aussi être interprétée comme la volonté d'établir un contact constant, à haut niveau, entre l'enclave du Haut-Karabakh et le Kremlin. Du reste, l'installation de Vardanian à Stepanakert avait mis le dictateur azerbaïdjanais Ilham Aliyev en furie – d'où la mise en scène vengeresse de son arrestation finale, le 27 septembre 2023.

Comme l'a synthétisé le porte-parole du département d'État américain, Matthew Miller : « La Russie a démontré qu'elle n'était pas une partenaire de sécurité fiable. » Avec l'exode prompt et massif des Arméniens du Haut-Karabakh s'est éteinte une présence de vingt-cinq siècles que la Russie aura laissée disparaître en trois ans.

Poutine maltraite très bien ses alliés

En réalité, Poutine a subordonné l'Arménie à des calculs beaucoup plus vastes. Au début des années quatre-vingt-dix, le maître du Kremlin aimait rencontrer la communauté arménienne de Russie, qui compte près de trois millions de membres (soit autant que la population de l'Arménie) ; il plaisantait avec l'ancien président arménien Serge Sarkissian en lui demandant : « Qui est le vrai président de l'Arménie ? Vous ou moi ? » ; il prononçait même quelques mots dans un arménien parfait. Bref, il se sentait en terrain conquis. Du reste, on ne compte plus les Russes d'origine arménienne qui gravitent autour du premier cercle du pouvoir, dont la fameuse Margarita Simonian, rédactrice en chef de la chaîne de télévision propagandiste RT (Russia Today), ou encore le politologue poutinien Andranik Migranian. Or la pratique du pouvoir, à l'interne comme à l'externe, a montré à l'évidence que Poutine maltraite très bien ses alliés ou qu'il profite de leur innocuité pour leur forcer la main (Biélorussie, Tadjikistan ou Kazakhstan, par exemple). Pas de raison de ménager celui qui est acquis. Poutine a oublié les principes de Pierre le Grand pour qui l'affaiblissement des alliés de la Russie est le signe visible de l'affaiblissement de la Russie.

Le maître du Kremlin s'est trouvé de nouveaux comparses, bien plus intéressants à ses yeux ; la Turquie figure en tête du peloton. Tout s'est révélé le 24 novembre 2015, lorsque l'aviation turque a abattu un Sukhoï SU-24 en bordure de la Syrie. Curieusement, ce qui aurait pu devenir un incident majeur n'a pas donné lieu à des rétorsions durables. Au contraire. Dès le 15 juillet 2016, lors du coup d'État contre Erdoğan, Poutine a été le seul chef d'État à témoigner son soutien au reis turc. Poutine a alors acheté Erdoğan à la baisse ; exactement comme l'a fait le leader turc il y a quelques semaines lorsqu'il a défendu la Russie en marge du G20 de New Delhi (tout en vendant des drones à l'Ukraine). De quoi fonder non pas une nouvelle alliance, mais des accointances, une complicité (à géométrie variable en fonction des intérêts respectifs). Restait l'Azerbaïdjan ; s'il faut reconnaître à Aliyev un savoir-faire, c'est celui d'avoir su en imposer à Ankara et d'avoir mis la Turquie au service de sa cause – plutôt que l'inverse.

À partir de là, l'Arménie, déjà à l'écart des grands flux économiques de la région, s'est transformée en variable d'ajustement de la politique russe au Caucase. Entre la Russie et la Turquie, les enjeux financiers, énergétiques, les échanges militaires, les contrats d'armement, la centrale nucléaire civile turque d'Akkuyu construite par Rosatom, les négociations au sujet des céréales ukrainiennes, l'ensemble des échanges converge pour marginaliser l'Arménie et la submerger. La guerre d'Ukraine n'a fait que précipiter le mouvement, le sacrifice d'une population entière était déjà programmé.

Poutine, pseudo-grand russe, a perdu l'Arménie. Dont acte. Mais en la mettant à la merci du tandem sanguinaire turco-azéri, il l'a amputée de telle manière que la géopolitique du Caucase s'écrit désormais au détriment de la Russie. C'est l'arroseur arrosé ; à force de tirer sur les ficelles, Poutine a perdu la main.

Du coup, l'Arménie est devenue le microcosme du dérèglement du monde. Sa souveraineté est de nouveau gravement menacée, comme entre 1918 et 1920 durant la période préalable à la soviétisation, par le projet panturc de réunion des deux entités territoriales azerbaïdjanaises (Azerbaïdjan oriental et Nakhitchevan). Ilham Aliyev a affirmé à maintes reprises que son pays avait l'intention de tracer une route à travers tout le sud de l'Arménie afin de relier directement l'Azerbaïdjan à la Turquie. Il subordonne tout accord de paix avec l'Arménie à la réalisation de cet objectif qui intéresse tout autant Recep Tayyip Erdoğan. Aliyev a même formulé des prétentions sur Erevan, la capitale de l'Arménie – c'est dire.

Or mis à part l'Iran, hostile à toute modification de ses frontières, en particulier au profit de l'Azerbaïdjan qui est devenu un allié d'Israël, l'Arménie ne peut compter sur aucun appui régional. Téhéran, chiite autant que l'est Bakou, n'est ni un médiateur « présentable » ni un stabilisateur fiable. C'est donc à Paris que l'Arménie trouve le meilleur réconfort. Emmanuel Macron, lui, n'hésite pas à déclarer que la France « est aujourd'hui très vigilante quant à l'intégrité territoriale de l'Arménie ».

Certes, il existe entre la France et l'Arménie des relations très anciennes, qui remontent au temps des croisades, alors que l'Azerbaïdjan était encore bien loin d'exister. Mais l'axe Paris-Erevan peut être d'une surprenante actualité au regard de ce qui se passe en Ukraine. Tandis que l'Arménie chrétienne (trois millions d'habitants) est une démocratie, l'Azerbaïdjan musulman (plus de dix millions d'habitants) est une dictature qui se nourrit de la guerre. La France, qui est à ce jour le pays au monde le plus engagé au côté de l'Arménie, peut trouver au Caucase un prolongement de la ligne qu'elle défend en Ukraine contre l'agression russe. Toutes les réunions du Conseil de sécurité au sujet de l'Arménie se sont tenues à la demande de la France ; une quarantaine d'observateurs de l'Union européenne sont sur place à la suite d'une initiative française ; des accords de coopération militaire entre Paris et Erevan sont en cours de développement. Il ne s'agit pas pour Paris de soutenir un pays contre un autre dans un conflit lointain, il faut poser le débat en termes universels, comme la France a su le faire dans son passé glorieux. Regardons le paysage mondial hérissé de régimes autoritaires qui nous menacent : peut-on laisser tomber un peuple menacé d'étranglement, alors qu'il partage les mêmes valeurs civilisationnelles et démocratiques que les nôtres ?

Le président azerbaïdjanais a affirmé à de multiples reprises qu'il avait trois objectifs. Premièrement, reprendre le Haut-Karabakh pour en chasser définitivement tous les Arméniens. Deuxièmement, arracher à l'Arménie une route qui traverserait le sud de ce pays, route extraterritorialisée – soit une expropriation par la force. Troisièmement, modifier la ligne frontière entre l'Arménie et l'Azerbaïdjan au profit de Bakou. Pour Aliyev, tout le sud de l'Arménie, qui permet aux autorités d'Erevan d'avoir une frontière commune avec l'Iran, est une terre à reconquérir. Le peuple azerbaïdjanais est divisé en deux entités distinctes – l'Azerbaïdjan proprement dit, à l'est de l'Arménie, avec Bakou pour capitale, et le Nakhitchevan, à l'ouest de l'Arménie, qui comporte un point de passage avec la Turquie. Selon le tracé voulu par Staline en 1923, l'Arménie chrétienne sépare ces deux zones de peuplement musulman azéri. Il suffirait donc de piétiner la souveraineté de l'Arménie pour que l'Azerbaïdjan se retrouve directement relié à la Turquie.

Parallèlement, le président turc a ses propres raisons d'être entièrement favorable à ce projet de réduction de l'Arménie. En établissant une continuité territoriale factice qui irait d'Istanbul à Bakou, du Bosphore à la Caspienne, Erdoğan veut faire de la Turquie le plus grand hub gazier et pétrolier de toute la Méditerranée – jusqu'à l'Asie. Du nord au sud, ce pôle turc contrôlerait ainsi le trafic énergétique issu des immenses réserves russes, et d'est en ouest, grâce à l'Azerbaïdjan, Ankara alimenterait en hydrocarbures les Balkans et au-delà. Ce qui mettrait au passage l'Europe à la merci de la Turquie.

C'est au carrefour de ce grand dépeçage entre trois totalitarismes carnassiers que l'Arménie doit se frayer un sentier de survie. En s'interposant dans cet hallali, la France retrouve sa vocation universaliste. Au cœur de la fournaise caucasienne, elle retrouve l'engagement en faveur des démocraties qu'elle a pris au côté de l'Ukraine et qui lui confère un rôle mondial.

L'économie monastique, modèle de développement durable ?

Annick Steta

Le modèle économique créé par les moines et les moniales pour subvenir à leurs besoins a longtemps été largement ignoré. L'écrasante majorité de la population n'en connaissait guère que la partie émergée : les produits issus de l'artisanat monastique, commercialisés dans différents réseaux de magasins – physiques ou en ligne – ainsi que dans les boutiques situées au sein de certains monastères. À mesure que progressent les préoccupations sociales et environnementales, le modèle économique élaboré au fil du temps par les congrégations religieuses connaît un regain d'intérêt. Nombre d'économistes, de chefs d'entreprise et d'acteurs des politiques publiques cherchent dans les objectifs et les méthodes de l'économie monastique une source d'inspiration pour engager ou approfondir une démarche de développement durable.

Annick Steta est docteur en sciences économiques et diplômée de la Harvard Kennedy School.
asteta@hotmail.fr

Les principes qui irriguent l'économie monastique ont été posés par Benoît de Nursie entre 530 et 540. Après avoir fondé une communauté religieuse à proximité de la grotte de Subiaco, où il avait vécu en ermite pendant plusieurs années, Benoît et ses compagnons entreprirent d'édifier une abbaye sur le mont Cassin. De façon à organiser la vie cénobitique, c'est-à-dire celle des moines vivant en communauté – par opposition à l'existence solitaire des ermites et des anachorètes, qui se consacraient à la prière et à la contemplation –, Benoît rédigea une règle (*regula*) qui s'inspirait des Saintes Écritures, de la tradition monastique existante et de règles antérieures, dont la Règle du maître (*regula magistri*), probablement composée au début du VIe siècle. La règle de saint Benoît détaille les quatre piliers de la vie monastique : la prière ou la louange divine (*ora*), le travail (*labora*), la lecture méditative des Saintes Écritures (*lectio divina*) et la vie communautaire. Dans le discours au monde de la culture que Benoît XVI a prononcé en 2008 au collège des Bernardins, le souverain pontife a souligné que le travail manuel était un élément constitutif du monachisme chrétien. Il a rappelé qu'il s'agissait là d'un héritage de la tradition juive : alors que « dans le monde grec, *[...]* le sage, l'homme vraiment libre, se consacrait uniquement aux choses de l'esprit, *[...]* tous les grands rabbins exerçaient parallèlement un métier artisanal ». Cet héritage a été repris par saint Benoît, qui a consacré le chapitre 48 de sa Règle au travail manuel quotidien. Pour préserver les moines de l'oisiveté, « ennemie de l'âme », il leur prescrit de « s'adonner à certains moments au travail manuel et à d'autres heures déterminées à la lecture de la parole divine » (1). La répartition du temps entre vie spirituelle et travail constitue une des caractéristiques de la règle de saint Benoît. Celle-ci a été progressivement étendue aux autres communautés monastiques de l'empire carolingien. Cette extension a été entérinée en 817, sous Louis le Pieux, par une assemblée d'abbés et d'évêques réunis à Aix-la-Chapelle. Aujourd'hui encore, la règle bénédictine reste une pierre angulaire du monachisme chrétien.

La désappropriation constitue le premier principe de l'économie monastique. La règle de saint Benoît ordonne « que tout soit commun à tous *[...]* et que personne ne dise sienne ni ne s'attribue aucune chose » (2). Le cellérier, qui est chargé de l'approvisionnement du cellier, de la nourriture et des dépenses de la communauté, doit considérer « tous les objets et tous les biens du monastère *[...]* comme les vases sacrés de l'autel » (3). Chaque moine ou moniale doit prendre le plus grand soin des biens mis à sa disposition. Tous doivent travailler en fonction de leurs moyens physiques et intellectuels. Une des responsabilités de l'abbé consiste à attribuer aux membres de la communauté les diverses tâches qui doivent être effectuées et à donner une fonction à chacun selon ses aptitudes et ses souhaits. Contrairement à un chef d'entreprise, il ne choisit pas ses collaborateurs et ne peut pas s'en séparer (4). Le fait qu'un moine ou qu'une moniale reste en principe membre de sa communauté jusqu'à sa mort constitue une difficulté supplémentaire : les plus âgés doivent rester actifs aussi longtemps que leurs forces le leur permettent. Le travail de chaque membre de la communauté est valorisé. Il n'est pas question d'établir une hiérarchie basée sur les compétences ou les talents des uns et des autres. Au contraire, « si jamais *[un artisan]* s'enorgueillit de la connaissance qu'il a de son métier, en voyant qu'il rapporte quelque chose au monastère, celui-là sera relevé de son emploi et n'y retournera plus, à moins qu'il ne se soit humilié et que l'abbé ne lui ait commandé de s'y remettre » (5). L'organisation du travail dépend par ailleurs des horaires des offices et des temps de prière. Le travail des moines et des moniales ne doit pas empiéter sur la vie spirituelle et la vie communautaire.

Le deuxième principe de l'économie monastique consiste en la dissociation entre travail et revenu. Là encore, le fonctionnement interne des monastères diffère profondément de celui des entreprises, des administrations et de la plupart des organisations à but non lucratif. Chaque moine et moniale définit ses besoins, auxquels le travail effectué collectivement doit permettre de pourvoir. Comme le souligne Benoît-Joseph Pons, qui a consacré plusieurs travaux de recherche à l'économie monastique, « l'économie des besoins peut fonctionner au monastère parce qu'elle y est associée à une spiritualité qui régule l'infinité des désirs et l'expression des besoins » (6). Il paraît impossible d'étendre ce mode de rémunération à l'ensemble d'une société et en l'absence d'un socle spirituel commun. La réflexion sur la mise en place d'un revenu universel procède toutefois d'une inspiration proche. Dans un tel cadre, la collectivité financerait un revenu de base qui couvrirait les besoins essentiels de tout individu. Libéré de la nécessité d'assurer sa survie, celui-ci pourrait choisir une activité professionnelle en fonction de critères autres que la seule rémunération et réserver du temps à des activités bénévoles utiles à la société.

Le troisième principe de l'économie monastique est radicalement étranger à l'univers de l'entreprise privée. Les monastères n'ont pas pour objectif de maximiser le profit lié à leurs activités commerciales. Celles-ci sont destinées à contribuer aux charges de la communauté. La nécessité de trouver de nouvelles sources de revenus est devenue plus prégnante au milieu du XXe siècle. La Seconde Guerre mondiale a en effet marqué une rupture dans le financement des monastères féminins. À partir de cette époque, le versement d'une dot au moment de l'entrée d'une jeune fille au couvent s'est fait plus rare. Afin d'enrayer la paupérisation des religieuses et de soutenir les monastères les plus défavorisés, le pape Pie XII a demandé aux moniales, à travers la constitution apostolique *Sponsa Christi* (1950), de s'engager dans des activités potentiellement rentables et de créer des mécanismes de solidarité entre les couvents. L'instruction *Inter Præclara*, publiée fin 1950 pour organiser la mise en pratique de la constitution *Sponsa Christi*, a quant à elle créé une obligation pour les supérieurs ecclésiastiques et religieux de « rechercher et procurer de toute façon aux moniales le travail rémunérateur dont elles ont besoin », de « réclamer le juste prix » pour leurs travaux, et de coordonner les activités des différents monastères de manière qu'elles se complètent. La réorganisation du travail au sein des monastères a été accélérée par la disparition de la classe des frères convers et des sœurs converses, dont l'existence était tournée vers le travail manuel. La suppression de la distinction entre convers et religieux ou religieuses de chœur (7), actée par le concile Vatican II (1962-1965), a eu pour conséquence une nouvelle répartition des tâches au sein des congrégations (8).

Le souci du long terme

Au fil du temps, les communautés monastiques ont développé différents types d'activités de façon à subvenir aux besoins de leurs membres. Ces activités représentent la moitié environ de leurs ressources. L'autre moitié est issue des pensions de retraite versées aux moines et aux moniales âgés (9), de dons et des revenus liés à la fourniture de services d'hébergement (10). Longtemps dominante, l'agriculture est en recul. La diminution des effectifs de moines et de moniales ainsi que le vieillissement de cette population ne permettent plus guère de recourir à des activités exigeant une main-d'œuvre abondante et imposant des efforts physiques importants. Le travail de la terre a été remplacé par la fabrication et la commercialisation de produits artisanaux. On estime que les deux tiers des plus de trois cents communautés religieuses existant en France produisent des objets (liturgiques ou non), des denrées alimentaires, des boissons ou des produits de beauté. Le chiffre d'affaires de cette activité est difficile à estimer : les modes de calcul varient en effet d'une communauté à une autre (11). La chartreuse verte, fabriquée dans la distillerie d'Aiguenoire à Entre-Deux-Guiers, en Isère, sous la supervision des moines de la Grande Chartreuse, pourrait représenter près de la moitié du chiffre d'affaires de l'artisanat monastique français. L'engouement que connaît cette liqueur depuis le début des années deux mille, notamment aux États-Unis où les ruptures d'approvisionnement se multiplient, inciterait n'importe quelle entreprise à accroître sa production. Soucieux de maintenir l'équilibre entre la prière et le travail, les moines de la Grande Chartreuse ont décidé en 2021 que les volumes produits seraient plafonnés à ceux atteints à cette époque, soit 1,2 million de litres par an. Ce niveau est le plus élevé observé depuis la fin du XIXe siècle, époque à laquelle le Vatican rappela aux pères chartreux qu'ils n'étaient pas des hommes d'affaires (12). Les moines ont fait savoir par l'intermédiaire de Chartreuse Diffusion, la société assurant la commercialisation de la liqueur, qu'une augmentation de la production susceptible de répondre à la demande exprimée par les consommateurs aurait des conséquences néfastes sur l'environnement. Les pères chartreux souhaitent en particulier limiter le prélèvement des plantes indispensables à la fabrication de la liqueur. Celles-ci proviennent non seulement des Alpes, mais aussi de pays d'Amérique du Nord et du Sud. Certaines d'entre elles sont rares. Les exploiter de façon excessive nuirait à la biodiversité.

La décision prise par les pères chartreux met en lumière le quatrième principe de l'économie monastique : la priorité accordée au long terme. Les activités d'ordre économique auxquelles se livrent les congrégations religieuses doivent leur permettre de faire face aux vicissitudes et de traverser le temps. Cette exigence impose de donner un caractère soutenable aux entreprises commerciales des monastères. La réflexion que les moines et les moniales conduisent sur ce point doit bien davantage au pragmatisme qu'à l'idéologie. Si les pères chartreux se soucient tant de la potentielle raréfaction des plantes entrant dans la composition de leur liqueur, c'est parce que chacune d'entre elles est indispensable à l'obtention du résultat final. Ils préfèrent donc limiter leur production plutôt que de courir le risque de ne plus pouvoir respecter la recette exacte de la chartreuse verte. De façon similaire, ce n'est pas par idéologie que les moines de l'abbaye Sainte-Marie-de-la-Pierre-qui-Vire ont adopté les méthodes de l'agriculture biologique dès 1969 : ils ont simplement constaté que l'application de ces méthodes à leurs activités de polyculture et d'élevage donnait de meilleurs résultats que l'emploi de méthodes conventionnelles. L'utilisation de matières premières produites localement relève elle aussi du pragmatisme. Depuis 2022, les pères chartreux se sont engagés dans la culture de plantes aromatiques et médicinales afin d'alimenter leur activité d'herboristerie, qui est un élément constitutif de la tradition monastique. Ils peuvent ainsi contrôler la qualité de leur approvisionnement et garantir la traçabilité des produits qu'ils commercialisent.

La collaboration est le cinquième principe de l'économie monastique. Alors que le fonctionnement du marché repose sur la concurrence des agents économiques, les monastères ont mis en place des mécanismes de collaboration afin de mutualiser un certain nombre de dépenses et de venir en aide aux communautés les plus fragiles. Un système de distribution mutualisé des produits issus de l'artisanat monastique a été créé dans les années cinquante. Sur les étals des boutiques installées au sein des monastères, on trouve non seulement les produits locaux, mais aussi ceux élaborés par les membres d'autres congrégations. Un site marchand mutualisé, La Boutique de Théophile, a été lancé en 1999. De façon à permettre au consommateur de distinguer les authentiques productions monastiques des produits industriels utilisant des images de moines ou de moniales dans leur communication, des monastères se sont regroupés en 1989 pour fonder l'association Monastic. Celle-ci forme ses adhérents à la gestion d'une activité économique et met à leur disposition la marque éponyme (13).

Depuis que les communautés monastiques se sont ouvertes sur le monde en proposant leurs produits à un large public, leur modèle économique a suscité une curiosité grandissante. Les acteurs de l'économie sociale et solidaire ont été parmi les premiers à s'y intéresser. Ce secteur comprend un ensemble d'entreprises organisées sous forme de coopératives, mutuelles, associations ou fondations dont le fonctionnement interne repose sur trois principes : un but autre que le seul partage des bénéfices, une gouvernance démocratique et une lucrativité limitée (14). On peut y voir une forme d'extension des lignes directrices de l'économie monastique. Plus largement, l'existence et la persistance du modèle économique créé par les moines et les moniales pour obtenir les moyens matériels de mener une existence centrée sur la prière témoignent de la possibilité d'un mode de développement alternatif. La présence discrète mais réelle de l'économie monastique invite à réfléchir à la place du travail dans l'existence des individus comme dans l'ensemble de la société, à la finalité des activités humaines et au poids que celles-ci font peser sur l'environnement. Elle nous encourage, en somme, à engager la transformation d'un modèle centré sur la satisfaction des désirs en une économie destinée à permettre à chacun de vivre dignement.

1. *La Règle de saint Benoît. Traduction nouvelle par un moine de Solesmes* (2e édition revue), Éditions de Solesmes, 2011, p. 69.
2. *Idem*, chapitre 33, p. 54.
3. *Idem*, chapitre 31, p. 52.
4. Benoît-Joseph Pons, *Notre maison commune. S'inspirer de l'économie monastique*, éditions Peuple Libre, 2020, p. 141.
5. *La Règle de saint Benoît, op. cit.*, chapitre 57, p. 79.
6. Benoît-Joseph Pons, *Notre maison commune, op. cit.*, p. 178.
7. Les frères convers et sœurs converses étaient dispensés de la plupart des offices qui réunissaient les religieux et les religieuses dans le chœur de la chapelle du monastère. De là vient la distinction entre convers et religieux de chœur.
8. Benoît-Joseph Pons, *Notre maison commune, op. cit.*, p. 59-60.
9. Depuis 1978, tous les religieux doivent cotiser à la Caisse d'assurance vieillesse, invalidité et maladie des cultes (Cavimac). Cette obligation a contraint les monastères à développer des activités lucratives de façon à pouvoir payer les cotisations sociales. Les communautés les plus fragiles ont la possibilité de ne cotiser qu'au régime d'assurance maladie.
10. La réception des hôtes est un élément constitutif de la règle de saint Benoît (chapitre 53). Dans la majorité des cas, les monastères font connaître à leurs hôtes, à titre indicatif, le coût de l'hébergement et des repas qui leur seront proposés. Chacun donne selon ses moyens. Comme il ne s'agit pas, en droit, d'un service facturé à un client, ces prestations ne sont pas soumises à la taxe sur la valeur ajoutée (TVA).
11. Florian Espalieu, « L'insolite *business* des produits monastiques », *Les Échos*, 29 août 2023, p. 21.
12. Becky Cooper, « Why Is Chartreuse Hard to Find Right Now? Ask the Monks Who Make It », *The New York Times*, 14 avril 2023.
13. Béatrice Madeline, « À l'ombre des monastères, une économie si moderne », *Le Monde*, 22 décembre 2023.
14. Source : Bpifrance Création.

La Cité de la langue française, ce château où nous sommes tous rois

Judith Sibony

Il y a des pays entièrement bilingues tel le Canada, d'autres qui ont quatre langues nationales comme la Suisse. En Afrique du Sud, pas moins de onze langues sont officiellement reconnues sur le territoire… En France, c'est tout autre chose : depuis la Renaissance, on y défend l'idée d'une langue unique, comme on protège un trésor.

C'est François Ier qui, en 1539, décréta que les lois et autres documents destinés à la vie publique seraient désormais rédigés « en langue maternelle ou françois », formulation d'ailleurs assez émouvante, qui donne une connotation affective à notre langue au moment où elle devient administrative.

Judith Sibony est écrivain, journaliste et réalisatrice.
judithsibony@gmail.com

Jusqu'à la signature de cette ordonnance dont on n'entend généralement parler qu'à l'école primaire, la langue française n'existait pas vraiment. Chaque région parlait son dialecte, et les textes officiels étaient publiés en latin. Cette petite révolution, le roi au prénom prédestiné l'a orchestrée à Villers-Cotterêts dans son château préféré, superbe édifice à l'italienne, qui lui servait de pavillon pour la chasse et l'amour.

Il se trouve qu'en passant par-là lors de sa première campagne présidentielle, dans cette région des Hauts-de-France qui – ironie du sort – a l'un des plus forts taux d'illettrisme du territoire, Emmanuel Macron s'est dit que ce beau monument à moitié effondré méritait d'être un jour ouvert au public et dédié à la langue française. Or cette promesse de campagne, il l'a tenue en y mettant les moyens : 221 millions d'euros pour transformer la ruine en cité culturelle à la fois somptueuse, polyvalente et attirante : quatre mois après son inauguration fin octobre 2023, le lieu avait déjà accueilli 80 000 personnes (1).

Bien sûr, ce château de contes de fées vaut en soi le détour, mais il faut reconnaître, en attendant les expositions temporaires et événements qui vont se multiplier à partir de mai, que l'exposition permanente abritée dans son espace principal est très réussie.

Pour donner à penser notre langue de manière sensible, quatre commissaires savamment complémentaires ont été réunis : la philologue et membre de l'Académie française Barbara Cassin, l'historien de l'art et ancien directeur de musée Zeev Gourarier, le haut fonctionnaire Xavier North, qui a longtemps été délégué général à la langue française, et enfin Hassane Kassi Kouyaté, metteur en scène, conteur et acteur burkinabé, qui dirige le festival des Francophonies en Limousin depuis 2019.

Tout au long du parcours, on retrouve les obsessions ou les passions de chacun. Le goût du voyage de Xavier North, qui en bon diplomate tenait à ce que l'exposition débute par un « tableau des destinations » où défilent, comme à l'aéroport, des noms de capitales et pays situés aux quatre coins du monde – ils correspondent aux quarante-neuf territoires où le français est parlé par au moins un quart de la population. Un peu plus loin, une salle est dédiée aux « intraduisibles » si chers à Barbara Cassin. Ailleurs, on distingue un espace de témoignages où beaucoup d'écrivains emblématiques de la francophonie programmés dans le festival d'Hassane Kassi Kouyaté se confient face caméra sur leur amour du français. Enfin, on peut saluer l'effort de Zeev Gourarier pour que les mots, les histoires et les idées soient incarnés par de vrais objets d'art. Notamment un portrait de Richelieu (fondateur de l'Académie française) par Philippe de Champaigne, qu'il a déniché dans un bureau de la chancellerie des universités de Paris, ou bien, impétueusement campée face à lui dans la même salle, une tapisserie du XIIIe siècle représentant Penthésilée, la reine des Amazones, connue pour être une vraie « preuse », symbole ici de l'enrichissement d'une langue déjà capable, à la fin du Moyen Âge, de féminiser ses termes réputés virils… Sous un grand dôme interactif consacré aux voyages des mots et à leurs origines parfois lointaines, on appréciera aussi, par exemple, les beaux *avatars* (mot sanskrit qui pénètre en Europe par le néerlandais au XVIIIe siècle), figurines du dieu Vishnu cédées en dépôt par le musée Guimet, ou encore le casque d'argent ciselé prêté par le musée de l'Armée, qui raconte ici que le *casque* (mot espagnol du XIIe siècle) n'a remplacé le mot français « heaume » qu'à partir du XVIe siècle.

Réconciliation

Construite en trois temps, l'exposition est à la fois ludique et didactique. D'abord, la langue est évoquée comme outil de création en jouant allègrement sur les stéréotypes : ici, en effet, on part du principe que le français a un rapport privilégié à l'expression de l'amour, de l'humour et de la révolte. À travers ces trois prismes, les mises en scène du langage sont, de fait, tout à fait divertissantes, avec des extraits de films, de chansons populaires, mais aussi une « bibliothèque magique » qui vaut le détour. Après avoir observé ce grand cube recouvert de livres et d'objets choisis pour leur ampleur polysémique (*bougie*, par exemple, a au moins sept acceptions), on est convié à entrer dans son ventre. En *off*, une « bibliothécaire du futur » à la voix robotiquement suave nous pose cinq questions en vue de nous conseiller un livre adapté à nos goûts. Des questions qu'il faut prendre comme elles viennent – ou au second degré –, du style : quand vous terminez un livre, vous vous sentez plutôt « tout feu tout flamme » ou « la tête dans les étoiles » ? Mais qui, pour ma part, ont conduit à un choix drôlement pertinent : la bibliothécaire m'a conseillé *Le Jeu de l'amour et du hasard* de Marivaux – aurait-elle deviné que j'écris sur le théâtre depuis plus de quinze ans ?

Sur un registre plus érudit, dans le deuxième temps de l'exposition, d'autres espaces nous font faire de belles découvertes sur l'évolution de la langue, ou encore sur les allers-retours de certains vocables, comme les mots « flirt » ou « tennis », qui viennent de l'ancien français et ont pris un usage moderne en passant par l'anglais.

Pour que les informations nous arrivent de façon vivante et souvent étonnante, la Cité a sollicité aussi bien la contribution d'écrivains membres de l'Oulipo, experts en jeux de mots et manipulations langagières inattendues, que l'aide d'architectes (d'un cabinet nommé « Projectiles ») particulièrement doués pour les inventions muséographiques.

La dernière étape de l'exposition revient sur l'histoire institutionnelle du français depuis l'ordonnance de François Ier. Et cet alinéa si symbolique, dans l'article 2 de la Constitution, ajouté lors de sa révision en 1992, qui rappelle que « la langue de la République est le français » – comme un acte de résistance face au « globish ».

Le jour de ma visite, il y avait beaucoup de monde au château. Aussi bien des universitaires, artistes et écrivains invités par les commissaires d'exposition que des enfants en visite avec leurs écoles. Et chacun y trouva son compte, entre les expériences tactiles sur les mots traités comme des objets d'« import-export », les jeux autour des néologismes, les dictées hilarantes des humoristes Arnaud Hoedt et Jérôme Piron, ou encore les archives sur l'éducation du français au temps des colonies…

Une exposition à l'image de tout le projet de la Cité, « à la fois hyperscientifique et hyperjoyeux », pour reprendre le cri du cœur de Paul Rondin, son directeur. Figure familière des politiques culturelles publiques, il a codirigé le Festival d'Avignon de 2013 à 2022, après avoir été administrateur du théâtre de l'Odéon pendant cinq ans. Là-bas, il avait mené des actions très fécondes, notamment auprès des collégiens de banlieues, conviés au théâtre aussi bien pour y voir des spectacles que pour y présenter leurs propres travaux de lecture et d'écriture. Inoubliable expérience d'élitisme populaire.

Héritier de l'idée que la culture est un service public, Paul Rondin a d'emblée cru à cette Cité de la langue française dont les détracteurs étaient pourtant nombreux, aussi bien parmi les bobos parisiens qu'au sein du département. Les uns et les autres considéraient qu'on allait dépenser trop d'argent pour une minorité, et que la langue française n'intéresserait qu'un public de profs. Lui constate au contraire que ce thème suscite un enthousiasme spectaculaire. « Même moi qui y ai toujours cru, je ne m'attendais pas à un tel succès, dit-il. Le fait de plonger les gens dans cette visite immatérielle de leur propre langue les réconcilie sans même qu'ils le sachent avec quelque chose d'intime : ils se rendent compte qu'à partir d'un outil dont tout le monde dispose et qu'ils croyaient simplement utilitaire ou quotidien, on peut inventer tout un monde artistique et poétique… et ils se sentent grandis. »

Ce constat nous éclaire sur la définition même d'une politique culturelle vertueuse : non pas offrir aux gens ce à quoi ils s'attendent, mais leur faire découvrir qu'ils attendaient autre chose. Et trouver tous les chemins possibles qui mènent du plus familier au plus extraordinaire.

À Villers-Cotterêts, il s'agira par exemple de faire des événements simples et accessibles à l'extérieur du château (marchés ouverts à tous, parc d'attractions en forme de « livrodrome », accueil de la flamme olympique) pour donner envie aux gens d'entrer dans ce lieu qui se veut le plus ouvert possible. « Si nous n'étions pas contraints par les consignes de sécurité, je rêverais qu'il n'y ait même pas de vigile à l'entrée », confie encore Paul Rondin. Un château où nous serions tous rois, en somme. Au même titre que la langue française appartient à tout le monde.

On retrouve cette idée au cœur de la première exposition temporaire programmée à partir de juin 2024 et baptisée « C'est une chanson qui nous ressemble ». Consacré à la variété française et la façon dont elle a conquis le monde, de Piaf à Aya Nakamura en passant par Les Négresses vertes, ce rendez-vous mêlant archives inédites et refrains familiers entend bien rappeler à chaque visiteur que la fonction poétique du langage fait partie de nos vies à tous. Au même titre que la beauté.

1. Cité internationale de la langue française, château de Villers-Cotterêts, 1, place Aristide-Briand, 02600 Villers-Cotterêts. Ouvert du mardi au dimanche, de 10 heures à 18 h 30.

CRITIQUES

LIVRES

FILMS

MUSIQUE

EXPOSITIONS

Livres
Walt Whitman : testament poétique
Marin de Viry

Certains écrivains et poètes, même parmi les plus grands et les moins frottés d'éducation religieuse ou convaincus par elle, semblent avoir une confiance absolue dans le rapport qu'ils entretiennent avec l'univers, paraissent l'aimer au-delà des souffrances, le justifier malgré l'absurde, et mettre un point d'honneur à purifier de toute restriction mentale leur adoration pour lui. Pour être complet, ils trouvent aussi que l'humanité qui l'habite est une merveille secrètement unifiée en un principe qu'ils sentent au plus profond d'eux-mêmes. Les crimes, la maladie, les accidents et l'épaisse bêtise des hommes se dissolvent dans un cosmos mystérieux et accueillant, un vaste être positif dont ils ont l'intuition, sinon le secret. La plénitude est la règle et la tragédie, l'accident (même s'il y a statistiquement plus d'accidents que d'événements harmonieux). Cette espèce de pensée du confort cosmique nous frappe à la lecture de *Walt Whitman sur le vif* (1), livre extrêmement intéressant sur l'auteur du célébrissime *Leaves of Grass*, monument américain auquel l'œuvre de Hugo est comparable en inspiration et en statut littéraire.

Fruit d'un journal d'entretiens que Whitman eut, pendant quatre ans, à la fin de sa vie, avec Horace Traubel, l'ouvrage fut publié en volumes à partir de 1901. Les passages les plus importants, qui composent le texte publié par Gallimard, ont été sélectionnés par la critique Brenda Wineapple (aux États-Unis sous le titre : *Walt Whitman Speaks: His Final Thoughts on Life, Writing, Spirituality, and the Promise of America*).

Whitman, ce démocrate pansexuel (les puritains ont beaucoup frémi d'indignation à sa lecture), pourrait se confondre avec une notion : l'émancipation. Celle du Texas contre le gouvernement mexicain, celle des esclaves du Sud, celle de l'Amérique sur l'Europe sur le plan littéraire, celle de l'intelligence sur le préjugé, celle de l'éternité sur le passage, celle de la nature sur les injonctions bigotes.

Les habitudes d'un auteur font souvent très bien sa critique littéraire. Un homme va-t-il déjeuner à *La Closerie des Lilas* tous les jours ? Gardez cette information en tête quand vous le lisez. Vous vous figurerez sûrement un agité hors-sol confit en dévotion devant le spectacle de son image, dont l'œuvre n'est qu'une longue inquiétude narcissique : vous serez sur la voie. Ça fonctionne assez bien pour Whitman : c'est un casanier calme, qui déjeune sur le pouce dans un intérieur simple d'où la décoration est absente. On le voit très bien partir dans de grandes envolées océaniques dans sa cabane du New Jersey, son quotidien sans distractions ; et délivrer à son interlocuteur des pensées à la fois interstellaires et morales, didactiques et planantes, tranchantes et réparatrices.

À propos de l'art littéraire, il a cette phrase éminemment contestable : « L'important n'est pas de faire montre d'un style mais de conduire le lecteur dans le sens de ses instincts les plus nobles. » Il confond « avoir un style » avec « faire le beau ». Il confond la présentation d'un tableau du monde avec le désir d'édification du lecteur. Il assume, évidemment : il est beaucoup trop intelligent pour laisser passer une distraction dans l'énoncé sur un sujet pareil. Ce faisant, il accepte de représenter le biais progressiste sur la littérature. L'écrivain progressiste convoque un arrière-monde idéal, qui par définition n'existe que comme hypothèse, que personne n'a jamais pu décrire autrement qu'en imagination, et il le transforme en perspective désirable. Il réprouve l'aventure aristocratique et européenne de la distinction, de la singularité, de l'exception artistique, de l'expérience individuelle qui communie avec l'intelligence et le goût du lecteur. Flaubert aboie solitairement ses phrases avant de les livrer au public, Stendhal vise le style du Code pénal, Balzac recherche le point d'équilibre entre l'ampleur et l'exactitude : Whitman néglige, voire méprise, cet aspect du métier. C'est l'appel voltairien qui le motive, le réveil des consciences, le désir d'abolition, le renversement des perspectives de l'esprit public.

Heureux d'être américain, car « pour nous, la voie est libre », dit-il justement dans le passage dédié à Voltaire. En Amérique, l'Église a sa place marquée et bien délimitée à côté de la science, du business, de la politique, de la culture. Ce n'est pas cette puissance occupante, abusive, à laquelle se frottaient les philosophes des Lumières français. Le roi d'Angleterre est viré, annulé, et n'a jamais vraiment existé. L'Amérique n'est pas coincée dans un fuseau horaire comme les pays européens, elle fait neuf millions de kilomètres carrés. Elle a quelque chose d'inoccupé, qu'il faut remplir (Los Angeles et San Francisco viennent seulement de naître). Whitman voit l'histoire américaine non pas comme cette fiction romanesque, cette construction idéologique et sentimentale qu'est l'histoire européenne, mais comme une moisson quotidienne de vies ordinaires. Une espèce d'égalité entre les hommes pour marquer l'époque, où la bonté individuelle l'emporte sur les ambitions guerrières des États. *Common decency* contre tyrans à vision. La simplicité démocratique à la Grant modifie le point de vue sur l'histoire. L'Amérique, vue comme un immense intestin à digérer les destins – mais un intestin généreux, intelligent –, amène ses enfants sur la voie d'un bien indescriptible. Whitman est un mystique patriote de gauche qui introduit dans la littérature un rapport dialectique, efficace, de la personne avec l'invisible. C'est à prendre ou à laisser.

1. *Walt Whitman sur le vif*, propos recueillis par Horace Traubel, Gallimard, Hors série littérature, 2024.

Livres

Ryoko Sekiguchi, l'emprise des sens

Christian Authier

Née à Tokyo en 1970, Ryoko Sekiguchi est sans doute la plus francophone des écrivains japonais. Nul hasard puisqu'elle a étudié l'histoire de l'art à la Sorbonne, qu'elle vit à Paris la plupart du temps depuis 1997 (quand elle ne voyage pas) et qu'elle écrit en français depuis 2003. Au confluent de la littérature et de la gastronomie, elle poursuit une œuvre totalement singulière sondant les cultures, les saveurs, les sens. Son dernier livre, *L'Appel des odeurs* (1), paru en début d'année, témoigne une fois de plus de sa volonté de poser des mots sur des sensations, souvent impalpables et fugaces. Composé de microfictions, de récits, de fragments, ce texte est une sorte de carnet olfactif évoquant autant l'odeur des livres que celle de la peau humide, de l'encre, du bois brûlé. D'autres, plus inattendues et immatérielles, comme l'odeur du mensonge, sont également évoquées, ainsi que de nombreuses liées à la cuisine qui prennent sous la plume de Ryoko Sekiguchi une vive incarnation, à l'instar de cette crevette « brièvement saisie à la flamme, allongée sur de la burrata fumée assortie de kombu rôti ». À son habitude, celle qui est par ailleurs poète et traductrice franchit les frontières, entraînant le lecteur du jardin des Tuileries à New York, de Ferrare à Téhéran, en passant par Helsinki, à la recherche de « tous les parfums de notre existence et de nos rêves ».

C'est dans sa manière d'interroger le visible et l'invisible, la matière et les sens, que réside l'originalité d'ouvrages variant les formes et les genres. Dans le très beau *Nagori* (2), sous-titré « La nostalgie de la saison qui vient de nous quitter », l'écrivain se penche sur cette notion qui pourrait s'apparenter à une saudade japonaise. Ayant écrit sur le fade (3) ou l'astringent (4), elle a aussi proposé dix façons de cuisiner le nuage (5), ou encore – moins surprenant – le curry japonais (6), en collaboration avec la famille Roellinger, sommités de la gastronomie pour lesquelles elle a encore créé les épices « Yakumi Voyageur ». Revenons justement au voyage, puisque l'un des livres illustrant la variété des talents et des inspirations de Ryoko Sekiguchi a été le fruit d'un séjour à Beyrouth d'avril à mai 2018. Ainsi, *961 heures à Beyrouth (et 321 plats qui les accompagnent)* (7) a pour intention affichée de faire le portrait de la capitale libanaise à travers la cuisine, « les gestes de ceux qui la font, les histoires autour de la cuisine racontées par les Beyrouthins ». Si la cuisine est ici bien présente, notamment dans « les couleurs, les odeurs, les voix, les goûts », dans la célébration du renouveau du vignoble libanais ou de la diversité d'une gastronomie à la fois traditionnelle et internationale, l'auteur développe une fine réflexion sur l'identité, la tradition et les échanges, la transmission et la rupture. Comment sauvegarder une mémoire – intime ou collective – sans tourner le dos au présent et à l'avenir ? Comment trouver l'équilibre entre le changement et la permanence ? « Aucune cuisine, ni aucune langue, ne survit sans changements et sans l'influence d'autres cultures. Simplement, il se peut que certaines cultures culinaires aient fait de cette métamorphose leur identité même, et ne peuvent plus se passer de changements, tandis que d'autres, à un moment donné de leur histoire, ont besoin au contraire de fermer les portes pour se protéger. Comme un corps qui a besoin de se protéger pour se rétablir », écrit-elle.

« Certes, l'identité nous enferme, mais en posséder plusieurs ne nous libère pas pour autant », poursuit celle qui évoque à nouveau dans ce livre le sentiment de nostalgie : « La nostalgie parle d'une chose perdue, afin qu'elle existe autrement. » Et l'on revient à un certain art de la cuisine qui marie le présent et le passé, les vivants et les morts : « Peut-être la cuisine nous permet-elle de vivre dans l'instant, de façon intense si nous le voulons, tout en tenant à sa manière le fil menu de l'histoire. On vit à la fois l'intensité du présent en savourant les mets et en partageant un moment irremplaçable, et on sent les mains de celles et ceux qui n'existent plus, mais qui ont transmis le goût de ces mets jusqu'à nous. » On aura compris que la quête dépasse les seuls enjeux culinaires, de la même façon que *L'Appel des odeurs* n'est pas un banal catalogue de fragrances. Relevant que des odeurs vivent « plus longtemps que les livres ou que certaines maisons » et qu'« un parfum peut avoir plusieurs vies, selon la personne qui le porte, selon l'époque ou le pays, comme un livre gagne un nouveau titre une fois traduit dans une autre langue », l'auteur voie les parfums et les souvenirs se tenir par la main et émet une hypothèse : « Il se pourrait que le passé continue à vivre sa vie dans le présent. » C'est bien le temps qui est au cœur de l'œuvre de Ryoko Sekiguchi, écrivain éminemment proustien dont on attend, un jour, un texte sur la madeleine…

1. Ryoko Sekiguchi, *L'Appel des odeurs*, P.O.L, 2024.
2. Ryoko Sekiguchi, *Nagori*, P.O.L, 2018.
3. Ryoko Sekiguchi, *Fade*, Les Ateliers d'Argol, 2016.
4. Ryoko Sekiguchi, *L'Astringent*, Les Ateliers d'Argol, 2012.
5. Ryoko Sekiguchi (avec Sugio Yamaguchi et Valentin Devos), *Le Nuage, dix façons de le préparer*, Éditions de l'Épure, 2019.
6. Ryoko Sekiguchi (avec la famille Roellinger), *Le Curry japonais, dix façons de le préparer*, Éditions de l'Épure, 2020.
7. Ryoko Sekiguchi, *961 heures à Beyrouth (et 321 plats qui les accompagnent)*, P.O.L, 2021.

Livres
Devenir Cioran
Cristina Hermeziu

Il paraît que, désœuvré, Cioran passait sa vie à écrire des billets. Traînant son cafard d'étudiant en philosophie dans des cafés à Bucarest en 1930, ensuite à partir de 1937 à Paris, tâtonnant le vide du quotidien dans des chambres d'hôtel impersonnelles, il compose des lettres. Tout compte fait, ce philosophe « de l'ennui », né en 1911 dans le village roumain de Rășinari et mort en 1995 à Paris, a écrit cinq livres en roumain, dix livres en français et plusieurs milliers de missives. Le corpus de 161 lettres choisies par Nicolas Cavaillès (1), envoyées entre 1930 et 1991, forme à travers leur accumulation chronologique une sorte de masse critique. On a devant nous la mise en expression intense, privée et intime, de son destin d'écrivant qui se mue en destin d'écrivain. La distinction que Roland Barthes opère entre les deux termes se révèle être, dans le cas de Cioran, un télescopage insolite. Cioran devient Cioran en écrivant. À ses amis d'enfance ou de toute une vie (Bucur Ţincu, Petre Ţuţea, Constantin Noica), à son frère Aurel et à ses parents, à ses critiques (Jean Paulhan, Wolfgang Kraus), à ses pairs admirés (Mircea Eliade, Henry Miller, Samuel Beckett), à son amour tardif (Friedgard Thoma), Cioran écrit avec énergie, répond avec aménité, console et demande des nouvelles, participe sincèrement à leur malheur ou à leur bonheur. Mais surtout, Cioran s'écrit.

Authentique, l'élan épistolaire implique la recherche « d'un style intérieur », mais crée surtout des occasions pour l'exercer. Le style intérieur de Cioran est pourtant déjà en place, dès ses premières lettres : sens de la formule, complaintes paradoxales, noirceur rhétorique. Ainsi, à 19 ans, Cioran pointe ce diagnostic à son ami roumain Bucur Ţincu, dans la toute première lettre du recueil : « Si je peux m'accorder un mérite, une qualité personnelle, il ne pourra s'agir que de ma sensibilité vive au réel, due à l'élimination de toute illusion. (2) » Écrire des lettres procure à Cioran l'exercice de rendre *extime* son cheminement intérieur en tant que penseur. D'une missive à l'autre ne sont pas rares les occurrences où il se contredit, mais sa lucidité sait retourner ce reproche en principe ordonnateur de tous ses écrits.

La biographie de son œuvre se dessine entre les lignes à la faveur des intuitions qui deviennent obsessions, et des thèmes qui deviennent livres. Les lettres documentent également quelques moments précis de cristallisation : la décision d'abandonner la langue roumaine pour n'écrire qu'en français, la mise à distance de son emportement politique en faveur de la fasciste Garde de fer, dans son essai de jeunesse *Transfiguration de la Roumanie* (3). Les lettres portent aussi en filigrane plusieurs récits : le récit de l'amitié, celui du dépaysement, celui de l'exil métaphysique. Ce dernier s'étire entre deux bornes réelles, deux villes mentionnées de façon obsédante. D'abord adulé, conspué ensuite, au désenchantement de Paris correspond l'idéalisation de Rășinari, « le point privilégié de l'univers » (4). Comme dans la lettre la plus terrible du recueil, envoyée depuis Paris à son frère Aurel le 9 mai 1979. Serrée – 17 lignes au total –, Cioran semble y résumer son destin et sa vision du monde. Ce sceptique presque serein, rétracté dans son exil intérieur, trouve l'énergie maline de raconter une anecdote malicieuse sur la rue de l'Odéon.

Le récit de l'amitié est nourri par de nombreux exercices d'admiration. Cioran avoue sa perplexité devant l'érudition de Mircea Eliade, se fait petit devant le génie de Petre Ţuţea, appelé « mon divin ami » (5), et s'inquiète pour la santé de l'infatigable Armel Guerne. Un Cioran inédit resurgit. On éclate de rire lorsqu'il imagine une réunion d'académiciens, à Paris. On a le cœur attendri au milieu de ses improbables envolées lyriques lorsque Cioran, éperdument amoureux au soir de sa vie, exclame : « Vos yeux ont fait de moi un fanatique. (6) »

Mais, plus que tout, Cioran ne cesse de se dénigrer lui-même. Comme nous intime l'injonction finale de plusieurs de ses lettres – « soyons sceptiques ! ». Si par goût du paradoxe et de l'excès tout ce qu'il conspue est en vérité un miroir retourné, un autoportrait, la noirceur de ces traits est une rhétorique et une esthétique. « Du matin au soir, je ne fais rien d'autre que haïr » (7), écrit-il à Constantin Noica, ami et philosophe roumain. Cette autoflagellation en acte d'écriture – dire du mal de soi, le dire à soi-même à travers la lettre adressée à quelqu'un d'autre – doit être une volupté jubilatoire, plus intense que le ressenti en lui-même.

Celui qui signe ses lettres, au fil des années, par « E. Cioran », « Luţ », « Miluţ », « E. C. », « E.M. Cioran », devient tout simplement « Cioran ». « Je suis contraint à la sagesse », griffonne l'écrivain presque octogénaire dans la très courte dernière lettre du corpus. L'incessant forage du moi et l'inépuisable acuité envers lui-même, coulés dans des formules qui marquent, font de ses missives son merveilleux seizième livre. Sa manie épistolaire porterait bien un sous-titre : devenir Cioran.

1. Cioran, *Manie épistolaire. Lettres choisies, 1930-1991*, édition établie par Nicolas Cavaillès, Gallimard, 2024.
2. *Idem*, lettre 1, p. 26.
3. *Idem*, lettre 58, p. 149.
4. *Idem*, lettre 95, p. 203.
5. *Idem*, lettre 43, p. 123.
6. *Idem*, lettre 143, p. 276.
7. *Idem*, lettre 54, p. 142.

Livres
Caracalla ouvre boutique
Stéphane Guégan

C'est parfois en écrivant qu'on devient écrivain, et c'est assurément en guerroyant qu'on se découvre soldat. Daniel Cordier (1920-2020) sera mort avec la conviction de n'avoir pas écrit, au sens plein, et le regret de ne pas s'être assez battu. Le lecteur enthousiaste de ses Mémoires, magnifiques d'élan et de cran comme le fut son existence, butte sans cesse sur l'amertume du résistant, qui se pensait incapable de littérature et eût préféré tuer des « boches » aux missions du renseignement, bien qu'elles l'aient associé à l'homme qu'il admira le plus au monde, Jean Moulin. Mauvais juge de ce qu'il aura accompli lui-même, aidé en cela par les conflits internes de la France libre dont il reste un des témoins, blessé au cœur, les plus sûrs, Cordier laisse une œuvre. Même si on le soupçonne ici et là de ne pas avoir pu tout dire, il est parvenu à donner au récit de sa vie l'authenticité d'un vrai diariste et l'éclat d'un roman à multiples rebondissements. Chocs politiques et chocs esthétiques, autre vérité louable, furent vécus et sont présentés comme autant de révélations qui engageaient l'essentiel. Sa foi maurrassienne, raffermie dans la détestation du Front populaire, du parlementarisme et des juifs, s'effondre en juin 1940, l'évolution de l'Action française achevant de le convertir à de Gaulle et à Londres, où l'attendaient deux ans de formation et l'amitié de Raymond Aron. Suite d'*Alias Caracalla*, *La Victoire en pleurant* refait l'aveu du péché d'extrême droite devant les zizanies de la Libération. On y trouve également les traces d'un autre culte naissant, la peinture, découverte au Prado en mai 1944.

Entre l'arrestation de Moulin et le démantèlement du groupe de Cordier, « brûlé » dès la fin 1943, il s'écoula quelques mois. Il lui faut rentrer à Londres par l'Espagne, long et harassant détour. Mais la récompense, imprévisible, ce fut le Greco, Velázquez, Goya. Le Prado ou l'arche sacrée : « J'avance lentement en ce lieu recelant un bonheur insoupçonné : c'est inimaginable ! Cet arrachement au présent, à l'angoisse, à la solitude, que j'ai cherché, vainement, dans l'amour des êtres ; voici que des objets inconnus le provoquent. Pourtant j'ai vu toute ma vie des exemples sur les murs d'appartements ou d'églises, sans que rien ne se produise jamais. Aujourd'hui, dans ce musée, un déclic mystérieux s'est ouvert au plaisir et révèle un immense et radieux univers, dont j'ignorais l'existence. (1) » Caracalla a reçu en pleine poitrine la décharge du *Tres de mayo*, et l'aura fantomatique des *Ménines* a réveillé tant de camarades effacés, exécutés ou déportés on ne sait où. Porteuse d'une tragédie plus haute ou d'une barbarie éternelle, la peinture lui offre plus qu'un réconfort provisoire ; d'autres futurs, d'autres combats s'annoncent soudain, que rien n'entravera, à commencer par la pagaille qui entoure en 1945-1946 les règlements de compte de la Libération, au sein même des vainqueurs, et la démission de De Gaulle. Le troisième volet des Mémoires de Cordier débute à cette époque ; il quitte alors le cabinet du colonel Passy et les services secrets (2). « Sans profession », comme il le note avec un sourire facile à deviner, il va lui falloir changer d'uniforme et ne pas tomber dans le gris des pis-aller. La palette des peintres l'a rendu plus exigeant. Depuis son retour à Londres, il s'est entiché des reproductions, en couleurs, de tableaux de maîtres. À Paris, les publications de Skira le ravissent. Il reste une étape à accomplir, un geste à oser, peindre lui-même.

Un jour de 1947, un jour d'ennui et de frustration, s'allume en lui l'irrépressible désir de saisir des pinceaux. Sous l'étoile de Van Gogh, il croque une vieille chaise en un éclair. Le résultat n'est pas assez calamiteux pour le freiner dans ses ardeurs à embrasser une nouvelle vocation. Il s'inscrit à la Grande-Chaumière où corrige le Prix de Rome Yves Brayer. Il s'est déjà mis à collectionner l'art du moment, Nicolas de Staël en particulier, et lit les autorités en matière de création, de Christian Zervos, le séide de Picasso, à Malraux, qu'il a croisé au lendemain de l'Occupation. Du reste, toute cette effervescence picturale se serait vite essoufflée si la politique, notamment autour du RPF gaullien, l'avait retenu. À force d'acheter l'œuvre des autres, il réalise sa vanité à vouloir devenir un des leurs. De fil en aiguille, le marché de l'art lui offre un substitut ou un dérivatif appréciable : ce sera l'aventure, entre 1956 et 1964, de la galerie mythique du 8, rue de Miromesnil. Peu docile aux limites, et fuyant les chapelles, il ne bride pas ses choix, et accepte de se tromper à l'occasion. Le dollar n'eût pas été aussi défavorable aux Français, Cordier aurait été l'un des grands intercesseurs de l'art américain, de Pollock à

Rauschenberg. Lors de son premier séjour new-yorkais, la rencontre de Marcel Duchamp, séducteur efficace, aboutira à l'ultime Exposition internationale du surréalisme, durant l'hiver 1959-1960, célébration parisienne des feux de l'Éros et chant du cygne de la « bande à Breton ». Il faudrait un livre entier pour éclairer ce qui demeure le trophée suprême de ces années de galeriste. Aucun artiste, en effet, n'a autant fasciné Cordier que Jean Dubuffet (1901-1985), le patron de l'école française, il est vrai, après la mort de Bonnard et de Matisse. Les États-Unis en ont pris conscience plus vite que le milieu français, en dehors de la poignée extralucide des proches, de Georges Limbour à Paulhan et Ponge. De ce peintre tellurique et magnétique, Cordier, à l'heure des souvenirs, écrira qu'il fut « durant ces années l'essentiel de ma vie sur les plans esthétique, affectif, commercial ». Il y a encore débat au sujet de la surchauffe productive et financière à laquelle il aurait acculé ou pas Dubuffet, lequel fut loin d'être insensible au succès et à l'argent avant la rupture de janvier 1964, elle condamnait la galerie à brève échéance. De tels flambeurs ne sauraient s'épouser.

1. Daniel Cordier, *La Victoire en pleurant. Alias Caracalla, 1943-1946*, Gallimard, Folio, 2023, p. 129-130.
2. Daniel Cordier, *Amateur d'art. Alias Caracalla, 1946-1977*, édition préfacée, établie et annotée par Bénédicte Vergez-Chaignon, Gallimard, collection Témoins, 2024.

Livres
Glenn Gould, une interprétation cosmique
Céline Laurens

Il est difficile de se défaire d'une mauvaise réputation, même quand celle-ci ne repose que sur des bribes d'informations glanées et amplifiées par des gazettes désireuses de voir leurs ventes décoller. Ce désir de rétablir sa vérité, de faire taire la rumeur, c'est ce qui a en son temps poussé le pianiste Glenn Gould (décrit comme orgueilleux et misanthrope à l'excès) à rédiger une série de courts textes où il aborde son rapport à la musique, au public et à la création.

Glenn Gould est né en 1932 au Canada. Doué de l'oreille absolue, il est d'abord éduqué au piano par sa mère, avant d'intégrer le Conservatoire royal de Toronto à 11 ans. De peur de devenir, selon ses propres termes, trop « formaté », il le quitte à 19 ans. Gould joue Gibbons, Beethoven et Webern, mais c'est son interprétation des *Variations Goldberg* de Bach qui lui apporte une célébrité mondiale alors qu'il est âgé d'à peine 22 ans. Dix ans plus tard, il abandonne définitivement la scène pour ne plus se consacrer qu'à des enregistrements en studio, entouré d'une équipe restreinte. En parallèle, il réalise ses propres contenus sonores pour Radio-Canada ; documentaires refusant la narration et superposant les prises de parole afin de mieux faire émerger dans sa globalité l'ambiance des lieux qu'il désire faire découvrir aux auditeurs : le nord du Canada, Terre-Neuve. Or, cette précoce désertion de la scène, on ne la lui pardonne pas. Il est trop jeune, trop au sommet. On l'accuse d'avoir annoncé son retrait de la vie publique pour se faire de la publicité et, à terme, mieux revenir sous les vivats. Mais Gould ne reviendra pas et la raison de son départ, il la livre dans ses écrits en une vérité désarmante. L'artiste a pour but de créer et la création supporte mal le devoir de représentation. Les tournées l'ennuient ; éphémères par nature et changeantes, elles ne font qu'effleurer ce qu'il cherche à révéler : l'harmonie cachée derrière les notes qui n'est justement pas soumise aux circonstances. Le message ayant inspiré un compositeur et qu'il a tenté de coucher au mieux sur ses partitions, Gould essaie de le ressaisir et de le livrer dans sa totalité. Cette quête est celle d'une vie, nécessitant le calme le plus complet et un travail de fond, journalier : « Pour autant que je m'en souvienne, j'ai toujours passé l'essentiel de mon temps seul. Ce n'est pas que je sois asocial, mais il me semble que si un artiste veut utiliser son cerveau pour un travail créateur, ce qu'on appelle l'autodiscipline – et qui n'est rien d'autre qu'une façon de se retrancher de la société – est quelque chose d'absolument indispensable *[...]* Il se trouve, hélas, que beaucoup de gens prennent ce désir de solitude pour du snobisme. » Et il ajoute, à propos de l'époque qui est la sienne : « Il est absolument nécessaire de se tenir à l'écart et cela par calcul, et, de façon tout à fait délibérée, d'empêcher de se laisser aller à la dérive du flot du courant artistique dominant *[...]* L'artiste doit prendre du recul, c'est ce qui lui donne la mesure de ce qu'il est en train de faire. »

Selon Gould, les tournées dénaturent le travail de l'artiste. Le concertiste y est réduit à l'état de singe de cirque. Angoissé de commettre des erreurs lorsqu'il joue et obnubilé par l'acoustique changeante des salles, celui-ci se cantonne à quelques morceaux épars sur lesquels il se spécialisera tout au long de sa carrière. Cela n'a pas de sens, il morcelle ainsi l'esprit des compositeurs qu'il interprète et passe à côté de l'essentiel. Gould va même plus loin en dénonçant l'hubris des concertistes qui ont plus à cœur de voir leur nom accolé à celui des grands que de chercher à révéler et à transmettre leur œuvre. Le musicien doit surplomber l'œuvre du compositeur pour mieux la révéler. Il doit la connaître par cœur dans sa continuité, son évolution et la faire filtrer au travers de chaque note. Ainsi, la note chez Gould est *entelekheïa*, système clos comprenant le tenant et l'aboutissant. L'esprit est entièrement présent et en devenir à chaque touché. Gould est plus à même de jouer Bach que Bach et cela puisqu'il dispose du recul et de la connaissance complète de son œuvre. Lui n'est pas plongé dedans, il voit, en amont. Quant à l'aspect technique du jeu, il convient d'envisager les choses de la même manière : « Le secret pour jouer du piano réside partiellement dans la manière dont on parvient à s'éloigner de l'instrument *[...]* Le piano est un instrument d'égarement ; les doigts donnent des idées nauséeuses et la plupart du temps illogiques, qui ne sont pas fondées sur la réalité pure et dure de la musique. »

Gould cherche à laisser filtrer tous les possibles d'un morceau, ce n'est pas pour rien que les *Variations Goldberg* sont son maître morceau, celui avec lequel il débutera et clôturera sa vie de musicien. Ces variations sur une même tessiture envisagent toutes les voies du souffle afin de ne pas passer à côté de la moindre d'entre elles.

Les principaux textes de Gould viennent d'être réunis par Bruno Monsaingeon sous le titre *Non, je ne suis pas du tout un excentrique* (1). À notre époque où l'on est bien prompt à jeter les hommes à la fosse aux lions et où l'artiste se croit devoir être de toutes les coteries, la lecture de ces écrits s'avère d'une importance capitale, ceux-ci permettant de ressaisir les différentes facettes de ce que Zweig appelait le mystère de la création artistique. L'art n'est pas une distraction. Plus encore, à ces pensées profondes et intemporelles, Gould allie un style habité et un humour mordant ; son ton n'est d'ailleurs pas sans rappeler celui de son compatriote Réjean Ducharme. Au fur et à mesure des textes, le lecteur réalise que les critiques, en taxant Glenn Gould de divo, ne s'y sont, bien malgré eux, pas trompés : étymologiquement, ce mot désigne celui par qui la divinité parle. Gould, comme tous les grands créateurs, est un messager.

1. Glenn Gould, *Non, je ne suis pas du tout un excentrique*, Fayard, coll. « Œuvres libres », 2024.

Livres

La personne et le personnage

Michel Delon

À la recherche d'un théâtre nouveau, Diderot compose en 1757 *Le Fils naturel, ou les Épreuves de la vertu*. La pièce s'intitule encore « comédie », mais il s'agit d'un drame qui prétend dépasser les préjugés sociaux derrière la hiérarchie des genres. Elle se présente comme une cérémonie privée où chacun répéterait le rôle qu'il a joué réellement dans une crise familiale récente, soudain dénouée par le retour du père. Au cinquième acte, celui-ci revient d'un long exil et, reconnaissant son « fils naturel », il évite un inceste. Diderot explique avoir assisté, caché dans un coin, à cette représentation familiale qui n'aurait rien d'une fiction. Le père pourtant est décédé peu après son retour, un de ses amis doit le remplacer et jouer son rôle. Le théâtre n'aurait rien d'un artifice, il ne serait que la vérité de la vie répétée, déplacée sur une scène privée ou publique, aménagée. Durant les jours qui suivent la représentation, Diderot dialogue avec Dorval, personnage principal et auteur de la pièce. S'ébauche entre eux une théorie du drame. Une quinzaine d'années plus tard, Diderot remanie le compte rendu qu'il avait composé d'un essai sur Garrick, l'interprète de Shakespeare, et développe l'idée que le grand comédien est celui qui prépare longuement son jeu et en maîtrise toutes les nuances. Il peut ainsi monter sur scène sans éprouver à nouveau les émotions qu'il restitue à la perfection. Le théâtre n'aurait rien d'une vérité vécue, il n'en serait que l'apparence, le trompe-l'œil.

L'encyclopédiste se contredit-il, à quinze ans de distance ? Comme les girouettes sur les maisons de Langres, battues par les vents, défend-il le pour et le contre ? Les *Entretiens sur le Fils naturel* et le *Paradoxe sur le*

comédien sont des dialogues. Diderot dans les *Entretiens* ne se confond jamais avec le personnage qui porte son nom, tandis que les interlocuteurs du *Paradoxe* se nomment le premier et le second. La réflexion ne s'arrête jamais en un dogme, elle rebondit de cas en cas, elle multiplie les objections et les digressions. L'hypothèse présentée comme un paradoxe est l'insensibilité du comédien qui doit jouer de sang-froid ou de sens froid, que la langue alors ne distingue pas. Elle n'est pas vraiment nouvelle, mais elle heurte une vieille tradition qui se reconnaissait dans le vers d'Horace : « Pleurez si vous voulez que je pleure. » La courtisane et le comédien, rétorque l'homme au paradoxe, ont les larmes à commandement. Il faut se mettre du côté du spectateur, prétendument exclu de la représentation privée du *Fils naturel*, et désormais installé dans une salle séparée de la scène. Nous sommes à l'époque où les spectateurs privilégiés perdent leurs fauteuils des deux côtés de la scène, où les acteurs gagnent en espace pour se déplacer, où les décors et les costumes se diversifient, en relation avec l'intrigue, tandis que l'éclairage progresse en qualité, où s'invente la fonction de metteur en scène : un quatrième mur semble isoler l'espace scénique de l'autre côté de la rampe, le spectateur croit assister à un moment de vie. *Le Fils naturel* met en scène cette fiction et le *Paradoxe* théorise le jeu de l'acteur, d'un autre point de vue, comme une maîtrise de son corps et de sa voix. De son corps surtout, de ce que Diderot nomme la pantomime.

Laurence Marie, qui a récemment donné un bel essai sur les gens de théâtre à travers l'Europe du XVIIIe siècle (1), aide à reprendre le débat dans deux livres publiés conjointement : une édition du *Paradoxe* et une enquête sur les réactions qu'il provoque encore chez une cinquantaine de professionnels de la scène aujourd'hui (2). Son édition insiste sur le vocabulaire : plutôt que d'acteur, Diderot préfère parler de comédien, c'est-à-dire de quelqu'un qui pratique un métier, ou fait preuve d'hypocrisie. Il sépare l'adjectif sensible, qui renvoie aux sensations et aux sentiments, du verbe sentir qui suppose un jugement, une élaboration des impressions premières en une décision raisonnée. On comprend le divorce entre les deux amis, autrefois intimes : Rousseau publie *Lettre à d'Alembert* pour répondre à l'article « Genève » de l'*Encyclopédie* qui critiquait l'interdiction du théâtre dans la cité de Calvin ; il croit à la parole, à l'accent, à l'émotion partagée de l'acteur et du spectateur. Diderot pense le théâtre comme une école de mœurs et une pédagogie raisonnée, il est plus confiant dans le geste et l'action, dans un effet coordonné par celui qu'on va bientôt appeler le metteur en scène.

Laurence Marie a interrogé les professionnels d'aujourd'hui, des anciens comme Danièle Lebrun aux plus jeunes comme Séphora Pondi. Des comédiens, des metteurs en scène, mais aussi des chanteurs, danseurs, marionnettistes. Les comédiens français insistent sur le sens de la troupe, Fabrice Luchini a l'expérience de spectacles seul-en-scène. Certains sont passés par des troupes étrangères, ils ont été marqués par l'Actors Studio et l'identification aux rôles, à la libre expression de l'intériorité. Ils ont tous lu le texte de Diderot, à l'école ou plus récemment, ils ont parfois des avis tranchés pour ou contre, mais dès qu'ils détaillent leur quotidien des loges et de la scène, les jugements abrupts se nuancent. Ils insistent sur les différences entre le XVIIIe siècle et aujourd'hui. Le micro transforme la portée de la voix, au théâtre comme dans les assemblées politiques. L'oreillette a remplacé le souffleur. Les projections et les hologrammes approfondissent l'espace. De l'un à l'autre, les métiers sont différents également : le chant et la danse ont leur technicité. Natalie Dessay s'est sentie libérée quand elle est passée au théâtre proprement dit. Certains parlent face au vide, d'autres voient les spectateurs comme des individus, ou bien comme un tout qu'on peut nommer l'assistance, l'auditoire, le public, la salle. Le cinéma, la télévision, la vidéo ont changé notre rapport à ce qui se montre, ce qui peut se voir. Il y a des acteurs qui arrivent tôt, ils ont besoin de ruminer, ils se métamorphosent lentement en leur personnage ; d'autres ne sont là qu'au dernier moment, ils sautent en scène. On peut croire à l'émotion et savoir qu'il faut, sans que personne n'y prenne garde, aller réveiller le pompier qui s'est endormi et se met à ronfler juste derrière le rideau. D'autres ne croient pas à l'émotion, mais sont submergés soudain par la rencontre d'un texte et d'un souvenir. Tous insistent sur la nécessité de réagir à ce qui fait qu'aucune représentation n'est vraiment semblable à la veille. Éric Ruf se souvient de ce téléphone qui a sonné au milieu d'une tirade d'Alceste ; après un silence lourd, il a continué : « Des mœurs du temps, mettons-nous moins en peine / Et faisons un peu grâce à la nature humaine. » Jamais ces alexandrins n'ont été si bien écoutés, ni si bien compris. Tous évoquent ce qui ne s'explique pas, ce qu'ils nomment le mystère, l'alchimie, la magie. Le théâtre, quoi.

1. Laurence Marie, *Inventer l'acteur. Émotions et spectacle dans l'Europe des Lumières*, Sorbonne Université Presses, 2019.
2. Diderot, *Paradoxe sur le comédien*, Folio classique, 2024, et *Les Paradoxes du comédien. Cinquante regards sur le métier d'acteur*, Gallimard, 2024.

Livres
Krystian Lupa, ou l'échec de l'homme-rêveur ?
Paulina Dalmayer

Qu'avons-nous raté ? C'est en substance la question qui revient tel un leitmotiv tout au long d'*Imagine* (1), le dernier ouvrage signé par Krystian Lupa, figure majeure du théâtre européen, à juste titre encensé pour ses adaptations de Kafka, Musil, Bernhard ou Dostoïevski.

Son livre, composé autant de notes prises en marge de ses lectures ou lors de répétitions avec les acteurs que de contributions écrites de ces derniers, comprend également le texte d'une pièce éponyme, jouée pour la première fois à Cracovie en Pologne, à l'été 2022. Généreusement enrichi de photographies de Natalia Kabanow, réalisées pendant les représentations du spectacle, ainsi que de dessins de Lupa, formé initialement aux beaux-arts, l'ensemble donne plus qu'un beau livre. Un livre à la fois érudit et agaçant, profond et naïf, honnête et déclamatoire selon les passages.

Pourquoi cette question et à quoi se réfère-t-elle ? Depuis un certain temps, Krystian Lupa annonçait dans la presse polonaise son intention de créer un spectacle à partir de l'hymne de sa génération, *Imagine* de John Lennon. D'emblée, on n'a pu que grimacer, tant ce grand péan de l'époque hippie a pris un coup de vieux. Pourtant, à sa sortie en 1971, le programme de salut en cinq points qu'il annonçait a eu la force de galvaniser l'internationale des chevelus : pas de paradis, pas d'enfer, pas de pays, pas de religion, pas de propriété. *And the world will live as one*, promettait le Jésus de Liverpool. Fatalement, l'humanité a depuis lors passé quelques saisons en enfer, connu de nouvelles guerres de religion, a eu le temps de re-sanctifier la propriété privée et d'entrevoir le paradis sur Instagram. Que s'est-il donc passé de travers ?

Convoqué par Lupa, l'aréopage de fantômes psychédéliques, parmi lesquels Janis Joplin, Patti Smith, Timothy Leary ou Susan Sontag, tous réunis sous le haut patronage d'Antonin Artaud, est prié de répondre de ses actes foireux. « Les drogues », disent certains. « Le désenchantement », renchérissent d'autres. « L'indifférence », accuse enfin Antonin. Mais la bonne réponse semble résider dans le défaut logistique de l'utopie *hippie* : « Quelle force faudrait-il pour liquider à la fois notre religion, l'idée d'une vie après la mort, la propriété, l'histoire, la tradition, etc. ? Il faudra la terreur d'une force inouïe, le régime stalinien ne serait rien à côté. Une guerre totale des pacifistes avec l'humanité. » C'est dit. Krystian Lupa ne s'aventure pas plus loin dans le règlement de comptes avec ses idoles, alors qu'il y aurait beaucoup à ajouter. *The Sixties*, comme titrait un essai à charge de la britannique Jenny Diski, pas plus que les *beatniks* avant eux, n'ont réussi à se libérer de conventions, ayant remplacé des anciennes par de nouvelles, non moins restrictives, y compris dans la sphère sexuelle avec l'injonction à l'amour libre et l'indulgence face au sexisme, qu'ils avaient tant décrié chez les anciens. Pis, insiste Diski, les adeptes du *flower power* n'ont su calculer ni la puissance du capitalisme, ni la tentation de la prospérité, ni les ravages de l'individualisme exacerbé, au point qu'il paraît pertinent de se demander si les *yuppies* ne sont pas apparus dans la décennie des années quatre-vingt en une prolongation à peine déformée des *hippies*.

« Je suis très inquiet à l'idée de mourir dans la régression », confesse Krystian Lupa, 80 ans, dans une interview incorporée au livre, définissant « la régression » comme « le plus terrible des étouffements ». Tenu avant la défaite du parti populiste polonais Droit et justice aux élections législatives à l'automne 2023, le propos de Lupa a une connotation politique évidente pour quiconque aurait suivi ses déboires avec le ministère de la Culture lourdement national-catholique du précédent gouvernement. À cet exemple, en 2016, Lupa a décidé d'arrêter les répétitions du *Procès* d'après Kafka, alors très attendu par les milieux de l'opposition, en signe de protestation contre une nomination éminemment politicarde d'un nouveau directeur du théâtre à Wroclaw. La reprise du travail sur le spectacle, un an plus tard, fut à son tour bouleversée par l'immolation de Piotr Szczęsny – chimiste de son état, époux et père de deux enfants – devant le Palais de la culture à Varsovie, à deux pas du lieu où Lupa travaillait. L'homme s'est sacrifié en défense des droits civiques, trente ans après la chute du communisme. Sa figure hante Lupa. Dans *Imagine*, il missionne Artaud de l'évoquer, sans réussir à dépasser les creux slogans de sa jeunesse qui reviennent en écho : « Imagine… L'échec. L'asservissement. La violence. L'amertume. Le dégoût. » Difficile de s'en satisfaire, et encore plus d'acquiescer le sous-entendu selon lequel les paladins de la contre-culture des années soixante-dix auraient eu plus et mieux à dire sur la liberté que ce citoyen lambda aspergé d'essence. Avec certitude, la philosophie de l'amour du prochain n'a pas davantage aidé à faire tomber le régime communiste qu'elle n'a contribué au récent retour des libéraux au pouvoir.

Mais comment reprocher à Lupa sa nostalgie d'une époque si mal coiffée, charnelle, hallucinée ? À l'heure où il faut composer avec le puritanisme de la génération Z, les filles en abaya au lieu des filles *topless*, la terreur écologiste à la place de l'unité spirituelle avec la nature, jamais atteinte, et une guerre fratricide entre deux nations européennes, il semble plus nécessaire que jamais d'imaginer une alternative vivable au monde. Peut-être, comme le dit notre Polonais, une utopie est-elle tout simplement « un stade plus épanoui de l'être humain ».

1. Krystian Lupa, *Imagine*, Éditions Deuxième Époque, 2023.

Livres
Que vivent les Lumières !
Robert Kopp

Au moment où les obscurantistes de tous bords font profession de combattre le message universaliste des Lumières – dont la tare indélébile est d'être né dans une Europe blanche, patriarcale et par définition raciste, ayant interdiction de défendre l'égalité des sexes avec Louise Dupin (1) ou d'être anticolonialiste avec l'abbé Raynal et Diderot (2) –, il est urgent d'en revendiquer l'héritage et de le faire vivre.

C'est ce qu'ont fait tout au long de leur carrière Bernard et Monique Cottret, professeurs respectivement à l'université de Versailles-Saint-Quentin et à l'université de Paris-Nanterre, grâce à de nombreuses recherches concernant la vie intellectuelle française et anglaise des XVIIe et XVIIIe siècles, avant de donner, dans leur tout dernier livre, *L'Europe des Lumières, 1680-1820*, sous une forme très accessible et agréable à lire, une synthèse de leurs travaux (3).

Les auteurs reprennent à neuf et avec une documentation souvent inédite un sujet qu'avait traité dans l'entre-deux-guerres le grand comparatiste Paul Hazard dans *La Crise de la conscience européenne* et dans *La Pensée européenne au XVIIIe siècle*. Mais plutôt que de « crise de la pensée européenne », ils préfèrent parler de « prise de conscience européenne ».

Ce qui caractérise en effet ce mouvement est qu'il se décline dans l'Europe tout entière : Lumières, *Enlightenment*, *Aufklärung*, *Illuminismo*, *Ilustración*, sans parler de la *Haskala*, les lumières juives. Si, à travers toutes ces déclinaisons, on retrouve les mêmes principes de rationalité et une même critique des autorités, qu'elles soient politiques, religieuses, philosophiques ou scientifiques, les différences, à commencer par celles qui existent entre les pays protestants et les pays catholiques, ne sont pas moins importantes. Ainsi, les Lumières protestantes se développent le plus souvent non pas en opposition à la religion, mais en dialogue avec elle, le libre examen des textes faisant partie de la tradition réformée, alors que les Lumières françaises sont fortement antichrétiennes.

Mais le principal intérêt de ce livre est de replacer les différentes variations des Lumières dans le temps long de l'histoire européenne, depuis la révocation de la *Glorious Revolution* jusqu'au congrès de Vienne. Car le mouvement des idées ne peut se comprendre qu'au regard des événements politiques et dans l'interaction avec eux. Les auteurs montrent ainsi à quel point des événements concomitants comme la défaite des Turcs devant Vienne, en 1683, la révocation de l'Édit de Nantes, en 1685, et la *Glorious Revolution*, en 1688, marquent le début d'une période de remise en question sous le signe de Bacon, de Descartes, de Locke, de Leibniz, de Bayle, de Richard Simon. Que ce soit la France, alliée des Turcs contre les Habsbourg, qui prétende, contre l'avis du pape, refaire l'unité de l'Église, a de quoi ébranler les certitudes les mieux partagées.

Si les origines des Lumières sont incontestablement anglaises, c'est en chassant les protestants que Louis XIV a contribué à les répandre dans toute l'Europe.

Elles n'auraient pas pu prospérer sans l'émergence d'un véritable marché culturel, favorisant la circulation non seulement des imprimés – livres et périodiques –, mais aussi des œuvres d'art et des objets manufacturés de luxe. De plus en plus, les lois du commerce l'emportaient sur la volonté de contrôler les idées. Ainsi, le registre des permissions d'imprimer accordées par les censeurs royaux fut doublé d'un registre de permissions tacites, afin de ne pas désavantager les libraires français par rapport à leurs concurrents de Genève, de Londres ou d'Amsterdam. Système généralisé par Malesherbes, qui en explique le fonctionnement dans ses *Mémoires de la librairie*. C'est lui qui a permis la publication de l'*Encyclopédie*, œuvre collective, la plus emblématique sans doute de tout le siècle des Lumières, imitée, copiée, plagiée, traduite partout en Europe, véritable machine de guerre contre la monarchie et contre la religion chrétienne.

Faut-il pour autant chercher à la Révolution française des origines intellectuelles, plutôt que politiques ou économiques ? La question a été maintes fois débattue. Bernard et Monique Cottret adoptent une position moyenne, proche de celle de Roger Chartier, qui parlait d'origines culturelles, réunissant dans un même faisceau les causes les plus diverses. Or, si les Lumières, par leur côté prométhéen, marquent indéniablement des avancées, notamment dans les domaines scientifique, économique et politique, elles produisent aussi certains excès, qui ne manquent pas de susciter des réactions. Ainsi, la troisième partie du livre est-elle consacrée au reflux des Lumières, symbolisé par la Sainte-Alliance et le congrès de Vienne, et par le premier romantisme, celui de Victor Hugo assistant au sacre de Charles X. Il n'empêche que, notamment à travers le mythe du progrès, elles sont le fondement de notre modernité.

1. Voir Frédéric Marty, Louise Dupin, *Défendre l'égalité des sexes en 1750*, Classiques Garnier, 2021.
2. Voir Yves Benot, *Diderot, de l'athéisme à l'anticolonialisme*, Maspero, 1970, nouvelle édition, 1981.
3. Bernard et Monique Cottret, *L'Europe des Lumières. 1680-1820*, Perrin, 2023. Malheureusement, Bernard Cottret, décédé en juillet 2020, n'a pas vu le fruit de son travail, mené à terme par son épouse et édité par elle.

Livres

Poète, présentez vos clous !

Yves Delafoy

René Guy Cadou fut poète. *Poète*, d'après la définition simple et sensée de Pierre Emmanuel : « un homme qui prend chaque mot dans sa plénitude, qui met sa vie dans ses mots, et ses mots dans sa vie. » Assurément, René Guy Cadou a mis toute sa vie en poésie. Une vie courte, puisqu'il est mort à l'âge de 31 ans d'un cancer au printemps 1951. Une vie quasi monacale, pour laquelle le terme *sacerdoce* ne serait pas galvaudé – celle d'un instituteur, passée entre une poignée de hameaux et villages du pays nantais, cette terre de Brière qu'il n'a cessé de remuer à travers son œuvre : « Mais vous gonflez mon cœur sortilège des marais / Sur l'écran c'est le front mural qui reparaît / Cadre baigné de feux de limons et de chaumes / Et la tourbe jaillit dans le creux de mes paumes ».

La nouvelle parution de l'un de ses recueils majeurs aux éditions Gallimard (1), recueil de grande houle dans la production de Cadou, *Hélène ou le Règne végétal*, nous permet de lui redonner, s'il en était encore besoin, sa place essentielle au cœur de la poésie française. Mais il convient de se débarrasser tout d'abord d'une sorte de mauvais « mythe » Cadou – celui d'un chef d'école poétique, et celui, chagrin et dont quelques esprits ricanent encore, d'un poète rustique, poète de préaux trop facile à réciter. Passons.

Pénétré de sa vocation poétique dès l'adolescence, les scènes capitales de Cadou sont précoces. D'une part, la mort d'un frère qu'il ne connaîtra jamais, Guy. La naissance du poète relèvera son prénom, accolé à celui, éloquent, de René (re-naît). D'autre part, la mort de sa mère le 30 mai 1932. Il s'en souviendra dans l'un de ses poèmes les plus poignants, d'un lyrisme tout en retenue – comme il en sera dans l'ensemble de son œuvre :

« Il n'y a plus que toi et moi dans la mansarde / Mon père / Les murs sont écroulés / La chair s'est écroulée / Des gravats de ciel bleu tombent de tous côtés / Je vois mieux ton visage / Tu pleures / Et cette nuit nous avons le même âge / Au bord des mains qu'elle a laissées ».

C'est ce même père qui lui donnera à lire peu après ses poèmes de jeunesse. Dès le lendemain matin, nous dit Cadou, attelé à sa table de travail son sort fut décidé.

De l'homme, d'abord, quelques traits, dressés par son ami Michel Manoll dans le premier Cahier de l'Herne publié en 1961 : « un Celte râblé, à la forte et ronde caboche, à la carnation fraîche et rose. Il ressemblait à ces saints bretons, taillés au couteau, avec leurs traits vigoureux, mais nimbés par la douceur et la sensibilité. » À ce visage, prompt à la tendresse et à la gravité, il faut ajouter des yeux bleu délavé et une forte chevelure blonde. Homme de l'ouest vivant aux passages des saisons le renouvellement de l'être, se tenant éloigné des villes et tout particulièrement des salons parisiens, c'est le dessin d'un homme charnel, les pieds campés sur une terre entièrement parcourue et labourée par ses poèmes. Un homme de chair, enveloppé d'un ample velours sans le souci de la pose et du qu'en-dira-t-on, accessible aux rires et aux causeries avec les gens du pays, disponible au verre de muscadet après la journée de labeur.

Cadou symbolise la tradition de ces hommes que l'on dit d'antan, dont la naissance et la mort ne sont guère espacées que par quelques haies et quelques champs. Et pourtant, Cadou fut un immense voyageur, lui dont le paysage spirituel et sensible ne fut pas moins étendu que les géographies d'un Cendrars ou d'un Kessel. Car il faut prendre Cadou au pied de la lettre, lorsqu'il écrit dans son *Usage interne* : « La poésie sera toujours l'éloge de la vie dangereuse. » Une vie dont le parcours immobile, à l'instar de celui de Joë Bousquet, est comparable à celle d'un arbre séculaire – jaillissement d'une terre donnée, et dont les fruits offerts témoignent de l'affront des tempêtes, des brumes envahies de solitudes, de la joie des premiers soleils, du recueillement naturel qui monte avec la nuit. Poète d'une vitalité et d'une sève peu communes, Cadou, avec une exigence et une disponibilité intégrales, a fait coïncider sa vie avec l'écriture, rendant, à son tour, témoignage de l'unité de l'homme et de la nature, de notre communion avec les choses dont la *simplicité* et la beauté nous échappent, de la vie intérieure et du monde qui nous entoure. Témoin du « temps de la raison ardente » d'Apollinaire, qu'il a chéri et auquel il consacra deux ouvrages. Chaque soir après la classe, nous dit-il dans des vers éclatants de santé, « Je monte dans ma chambre et prépare les feux / J'appareille tout seul vers la Face rayonnante de Dieu ».

Car la poésie de Cadou est un vaste chant qui tend vers l'amour, et dont l'emblème végétal est la plus haute incarnation. Le visage et le corps d'Hélène, l'être désiré et aimé, ne fut pas un prétexte à versifications ni l'objet d'une tradition propre à la poésie, mais une rencontre et le sommet d'une longue quête de la joie, âpre, et qui est à placer en écho avec l'entièreté de la création. René Guy Cadou s'est ainsi fait l'âme sœur et tutrice de milliers d'hommes qui cherchent à vivre, à comprendre et à se consoler, dans le lien d'une exigence fraternelle. Son rire, fréquent dans ses vers, est l'aboutissement des souffrances endurées et partagées. Coudoyant « toutes ces petites gares ombragées sur le réseau de la souffrance », l'existence de Cadou s'est bâtie au creux d'une grande solitude, dont il n'eut de cesse de faire reculer les murs par un culte rendu à l'amitié. Poètes et peintres qui constituèrent la constellation de l'École de Rochefort – non pas une énième secte littéraire, mais bien plutôt « une cour de récréation » et « une immense saison d'amitié, un soleil de communion fraternelle » (Manoll). Chacun dans la veine d'une poésie *habitable*, éloignée de la table rase et des jeux d'esprit surréalistes, ainsi que de tout hermétisme. Une poésie qui ne pense pas l'homme et ses gestes, mais le rencontre, grêlé de ses charités et de ses bontés, de ses faiblesses et de ses ténèbres.

Respectant le conseil de son ami Max Jacob : « Trouvez votre cœur et changez-le en encrier », Cadou n'a jamais quitté le pays d'enfance et fut un homme qui ne s'est pas habitué à lui-même. Résistant au tyrannique désir de nouveauté, il a su humblement tirer du filet quotidien une inépuisable source d'émerveillements.

1. René Guy Cadou, *Hélène ou le Règne végétal*, préface d'Adeline Baldacchino, Gallimard, coll. « Poésie », 2024.

Films
Quatre cinéastes français
Richard Millet

Voici quatre réalisateurs français, deux hommes et deux femmes, que leur âge incline vers le crépuscule, moment particulièrement intéressant de toute trajectoire. Ils n'ont plus rien à prouver, mais restent toujours actifs.

André Téchiné (1943) est, dans *Les Âmes sœurs*, fidèle à sa manière : un personnage en crise s'y confronte à d'autres, proches ou rencontrés. David (Benjamin Voisin), soldat blessé pendant une opération militaire au Mali, a perdu la mémoire et rentre chez sa sœur, Jeanne (Noémie Merlant), dans leur village de l'Ariège. Ce revenant fait face aux fantômes que sont devenus tous ceux qu'il connaissait. David est moins confronté à lui-même qu'à sa propre absence. La seule chose qui surnage, en lui, c'est son rapport à Jeanne, dont on comprend bientôt la dimension incestueuse. Téchiné étudie autant l'immédiateté affective que la nécessité pour Jeanne d'aller vivre loin de David, quand ce dernier aura recouvré la mémoire. La violence de certaines scènes n'a rien d'ostentatoire : elle est le langage d'un être blessé bien avant la guerre, et dont le retour perturbe une communauté soudée. Ce n'est pas ici le retour de l'enfant prodigue, mais ce que le retour d'un enfant du pays suscite chez autrui, dans le décalage temporel qui le sépare des autres. J'avais commencé à regarder le film par hasard, sans savoir qu'il était de Téchiné ; j'ai vite reconnu son style, où, comme dans *Rendez-vous*, *Hôtel des Amériques* ou *Les Roseaux sauvages*, la passion, la violence et l'innocence déchirent le rideau des apparences.

La manière de Philippe Garrel (1948) est aussi reconnaissable à ses personnages en crise. L'originalité du *Grand Chariot* tient surtout au métier de marionnettiste exercé par une famille composée du père (Aurélien Recoing), de la grand-mère (Francine Bergé) et des trois enfants, interprétés par les trois enfants de Garrel : Louis, Esther (ici rebaptisée Martha) et Léna. La mort du père fait tanguer la petite compagnie, mais l'affaire est maintenue par les deux filles, tandis que Louis s'éloigne, appelé à une carrière de dramaturge, et que leur ami Pieter (Damien Mongin) les quitte pour s'adonner à la peinture, abandonnant aussi la jeune femme dont il vient d'avoir un enfant et dont Louis s'éprend. Les deux sœurs tentent de renouveler un métier figé par la tradition. Tous ces personnages oscillent entre le narcissisme bobo et ce que la vie leur oppose. On voit aisément de quoi le métier de marionnettiste pourrait être le symbole, à l'ère du numérique et de l'intelligence artificielle : la fin d'un monde où la tradition subsiste tant bien que mal, y compris pour la peinture à l'époque de l'« art contemporain ». Si cette symbolique est convaincante, car sans pathos ni nostalgie, on regrette que Garrel croie bon de brandir la carte du gauchisme culturel : Martha milite chez les Femen, et lors de l'enterrement de la grand-mère, Louis descend dans le caveau pour ôter du cercueil la petite croix qui l'ornait avant de la jeter avec dégoût dans une allée – ce qui ne peut que révulser le catholique que je suis.

On a beaucoup glosé sur le côté « transgressif » de Catherine Breillat (1948), dont *L'Été dernier* marque le retour au cinéma. Pas de quoi fouetter un chat, en vérité, dans ce *remake* d'un film danois de 2019. Claude Autant-Lara, en 1954, avait déjà abordé les rapports entre une femme mûre et un adolescent dans *Le Blé en herbe*, d'après Colette, et Louis Malle l'inceste dans *Le Souffle au cœur* (1971). Chez Breillat, pas d'inceste, puisque Théo (Samuel Kircher), l'adolescent, n'est que le beau-fils d'Anne (Léa Drucker), avocate quinquagénaire, spécialisée dans la défense de mineurs et mariée à Pierre (Olivier Rabourdin), avec qui elle a adopté deux petites Asiatiques. Le cadre bourgeois est aussi formel que le bleu dur et profond du regard d'Anne face à une adolescente en détresse. Tout irait donc pour le mieux sans l'arrivée de Théo, le fils que Pierre a eu d'une première union, et qui est en pleine révolte. Si la liaison entre Anne et Théo ne peut qu'être dramatique pour la famille, elle a ses moments d'extase érotique que Breillat seule est capable de filmer sans tomber dans la vulgarité ni la provocation : ces deux corps que tout semblait devoir opposer ont ensemble la beauté d'un bel été.

Avec *Stars at Noon,* de Claire Denis (1946), et comme souvent chez cette cinéaste, on quitte la France, cette fois pour le Nicaragua de 2020, pendant la pandémie de Covid et des élections qui confirmeront le dictateur Ortega dans son fascisme marxiste. Que fait donc cette jeune journaliste américaine, Trish (Margaret Qualley), dans un Managua en proie à la trompeuse torpeur des dictatures exotiques ? N'attend-elle que la restitution de ses papiers, confisqués après un article critique contre le régime ? Pourquoi couche-t-elle avec un policier et un vice-ministre, puis se vend-elle à Daniel (Joe Alwyn), jeune homme d'affaires britannique ? Son seul souci semble être son passeport et l'argent nécessaire pour quitter le pays, et son cynisme n'a d'égal que sa fragilité et son charme, qui semblent la protéger autant que sa nationalité. Mais que font réellement ces gens qui s'agitent autour d'elle ? La suite apportera des réponses comme autant de trappes s'ouvrant sur un surcroît de mystère et de danger : le film oscille entre le thriller et le film noir, servi par sa longueur et sa musique qui nous installent dans l'incertitude et l'inquiétude ; car l'amour de Trish et de Daniel est le véritable sujet de ce film qui joue avec les codes des films de genre, notamment dans l'errance amoureuse vers le Costa Rica voisin. Comme Breillat avec les siens, la réalisatrice magnifie la beauté des deux amants, Daniel dont les projets sont contrecarrés par la CIA, et Trish chez qui l'amour donne un sens inattendu à une vie dangereusement enlisée ; ainsi se justifie le titre, ces étoiles en plein midi que constitue la pure violence de l'amour…

Musique
La revanche de Charpentier
Olivier Bellamy

Est-ce son nom, cruel rappel du métier de saint Joseph, qui a désigné Charpentier comme celui qui doit se sacrifier à la volonté divine ? Ou le poids historique de son prénom, Marc-Antoine, qui l'a prédestiné à s'effacer derrière l'empereur musical de son temps, Jean-Baptiste Lully ? En fait de César, l'habile courtisan aura surtout « pompé » Louis XIV en lui extorquant un monopole exorbitant, « boulézien » avant l'heure, de sorte à évincer tous ses rivaux, au premier rang desquels Marc-Antoine Charpentier. Victime collatérale de cette félonie, Molière réussira néanmoins à adoucir l'exclusivité du privilège royal pour préserver ses intérêts. Après avoir nourri une vipère en son sein, de *L'Amour médecin* au *Bourgeois gentilhomme*, il se tournera ensuite vers le jeune Charpentier pour composer sa musique de scène, notamment celle du *Malade imaginaire*, durant l'unique année qui lui reste à vivre.

Pour son éphémère collaborateur, ce sera une autre paire de manches. Tenu soigneusement à l'écart de la scène lyrique, il poursuivra une carrière de premier plan mais discrète, car en France tout commence et tout finit par des grands airs. Peut-être faut-il y voir une chance, car l'homme n'est sans doute pas assez hardi, roué et retors pour s'imposer dans le monde sans pitié de l'opéra. Est-ce pour réparer cette injustice que William Christie baptisera son ensemble Les Arts florissants, du nom d'un petit opéra de chambre de Charpentier qui, par ses dimensions modestes, réussit à passer outre l'interdiction versaillaise ? Sans doute, mais le petit écran donnera déjà sa revanche au bel endormi en choisissant de façon régalienne les premières mesures de son *Te Deum* comme générique (fameux) de l'Eurovision.

Après la mort de Lully (1687), Charpentier voit l'horizon s'éclaircir. La disparition de sa protectrice, la duchesse de Guise, lui ouvre la porte du collège Louis-le-Grand. Les pères jésuites le sollicitent pour écrire un opéra. Ce sera *David et Jonathas* (1688 (1)), sur un livret du père Bretonneau. L'œuvre a grand succès. Devenu maître de musique du duc de Chartres (après avoir été celui du dauphin Louis de France), il est en bonne place pour que l'Académie royale de musique fasse appel à ses services. Créé en 1693, *Médée* (2) sera son unique collaboration avec la « Royale Boutique ». Le langage raffiné et savant de Charpentier ne passe pas la rampe auprès du public snob de l'époque. « Trop savant », dit-on. Et pourquoi pas « trop de notes », tant qu'on y est ? Son unique grand opéra est retiré de l'affiche au bout de dix représentations. Molière n'en a pas eu davantage avec *L'Avare*, mais il était d'une autre trempe. Charpentier jure qu'on ne l'y reprendra plus et va écrire à Saint-Louis ses plus beaux chefs-d'œuvre de musique religieuse. Et quels !

Le hasard de l'actualité nous conduit à nous intéresser aux deux opéras de Charpentier à cause de la parution simultanée de *Médée,* sous la direction enflammée d'Hervé Niquet, à la tête d'une distribution époustouflante, après des représentations mémorables au théâtre des Champs-Élysées, et de *David et Jonathas*, enregistré en public à l'Opéra royal du château de Versailles, sous la baguette inspirée d'Olivier Schneebeli. Ce dernier tire ainsi sa révérence après trente ans de précieux services à la tête du chœur « Les Pages et les Chantres » au Centre de musique baroque de Versailles.

Contrairement au style éclatant et compassé de Lully, Charpentier est plus direct, plus naturel, tout en offrant une richesse extraordinaire de rythmes et de couleurs. Dès le début de *David et Jonathas* – ou plutôt après le prologue, car un bref récit remplace les récitatifs souvent longuets –, la force expressive et la sincérité de la musique emportent l'adhésion. Olivier Schneebeli, qui se repère les yeux fermés et les bras grands ouverts dans ce chef-d'œuvre, a choisi des anciens de la maîtrise de Versailles pour les rôles principaux. Excellents Clément Debieuvre (David), David Witczak (Saül) ou Jean-François Lombard (La Pythonisse). Le rôle de Jonathas a été confié à une voix d'enfant (Natacha Boucher), comme à la création. Les petits rôles proviennent aussi des rangs des Pages et des Chantres de Versailles.

Nombre de passages tireront des larmes aux cœurs les plus endurcis. Notamment la mort de Jonathas. Car si David est vainqueur dans son combat contre Saül, il pleure la mort de son ami. On y a d'ailleurs vu un hommage à la relation qui unissait Philippe d'Orléans, protecteur de Charpentier, à son favori le duc de Lorraine. Si Lully (« le paillard », *dixit* Molière) était client de ce qu'on appelait hypocritement le « vice italien », c'est Charpentier qui aura le mieux chanté les émois de Ganymède, sans qu'on sache vraiment pour qui battait son cœur.

Incontestable chef-d'œuvre de l'opéra baroque français, sur un texte de Thomas Corneille (frère de Pierre), *Médée* n'a pas la même concision que *David et Jonathas*. Charpentier a peut-être dû forcer sa nature pour entrer dans le moule de l'opéra en cinq actes, mais dès le prologue expédié, tout est parfait.

Appuyé par l'autorité musicologique de Benoît Dratwicki, Hervé Niquet nous offre la meilleure version moderne de l'œuvre. Et pourtant Christie, Malgoire et Haïm se bousculent au portillon. Son choix d'élargir la texture du *continuo* donne sa vraie dimension à la juste grandeur de Charpentier. Généreux et précis, engagé et dévoué, il embrase un casting de rêve. Saluons d'abord la Médée de la grande Véronique Gens. Tragédienne née, elle est aussi une musicienne subtile, une styliste de haut vol. L'ampleur et la chaleur de sa voix (rehaussée par des ornements impressionnants) s'opposent au timbre plus intime du formidable Cyrille Dubois, qui rend au personnage de Jason ce qu'un Roberto Alagna a rendu à Don José, sa fragile vérité. Thomas Dolié est un Créon d'une grande majesté. Tous les rôles sont admirablement tenus. À l'écoute de ces deux productions, impossible de rester de bois. Du bois noble et précieux de notre cher Charpentier, ça va de soi.

1. Charpentier: *David & Jonathas*, tragédie biblique, Les Pages et les Chantres, Centre de musique baroque de Versailles, orchestre Les Temps présents, Olivier Schneebeli (direction), 2 CD, Aparté.
2. Charpentier: *Médée*, tragédie lyrique, Le Concert spirituel, Hervé Niquet (direction), 3 CD, au prix exceptionnel de 25 €.

Expositions
Redécouvrir Tiepolo
Véronique Mortaigne

Un père, Giambattista, deux fils, Giandomenico et Lorenzo : dans la Venise du XVIIIe siècle, la famille Tiepolo a agi en bande organisée, assurant sa primauté sur l'art de la fresque. Associé à une sorte de flambée magnifique de la Sérénissime avant décadence, le nom de Tiepolo témoigne de la profondeur d'un genre parfois ramené à la « décoration ». La tendance serait de placer les Tiepolo sous l'ombre tutélaire du patriarche. Mais Giambattista, s'il assura la transmission, permit à ses fils de suivre un chemin parfois dissident. Le plus jeune, Lorenzo, s'attache au portrait ; Domenico, grand dessinateur, développe un goût certain pour l'insolite, le voyage. Afin d'apprendre, ils copient inlassablement l'œuvre du père, la redessinent. Puis s'en évadent.

Présentée jusqu'au 30 juin 2024 aux Beaux-Arts de Paris, l'exposition « Les Tiepolo, invention et virtuosité à Venise » (1) éclaire ce travail en mouvement, grâce à des gravures et des dessins qui servirent souvent d'études. Dans le riche fonds de l'école parisienne (450 000 peintures, sculptures, dessins, photographies, estampes, ouvrages et manuscrits) figurent dix feuilles de Giambattista Tiepolo (1696-1770). En France, seul le musée Atger de Montpellier en possède davantage, vingt-trois dessins de Tiepolo, grâce au don d'un collectionneur passionné, employé au service des impôts, Xavier Atger (1758-1833).

« L'art des Tiepolo n'intéressait pas beaucoup les Français, friands de néoromantisme. Tiepolo était peu regardé en France, peu acheté dans les collections publiques ou privées, où l'on préférait le néoclassicisme. Giambattista et ses fils ont beaucoup travaillé en Vénétie, mais aussi en Allemagne et à Madrid où il mourut », explique la commissaire Hélène Gasnault, conservatrice des dessins au sein du département des œuvres des Beaux-Arts de Paris. « Très vite, les Tiepolo ont été collectionnés par des Anglais et des Américains », nourrissant les réserves du Metropolitan Museum ou de la Morgan Library and Museum de New York. Reflet de cette relative indifférence française : la dernière exposition consacrée à Tiepolo se tint en 1998 au Petit Palais.

Récemment, le cabinet des amateurs de dessin de l'École des beaux-arts a fait don d'un nouveau dessin de Giambattista Tiepolo, une étude de pied, de tête, de profil et de flacons (recto), datant de la jeunesse de l'artiste, vers 1726. « Il appartenait à un cahier démembré dont seize feuilles ont été identifiées. Giambattista Tiepolo, marié à Maria Cecilia Guardi, sœur de Francesco Guardi, qui appartenait à son atelier, eut neuf enfants, dont Giuseppe. Ce dernier, prêtre, vivait dans un couvent, et de nombreux carnets lui avaient été confiés. » Ces études de détails anatomiques « étaient conçues comme un manuel de dessin. Dans son atelier, on apprenait à copier des estampes, des dessins, des moulages sculptés, puis des modèles vivants ». Le dessin rappelle une fresque du palais de l'archevêché d'Udine, *Sarah et l'ange*.

Giambattista Tiepolo affectionnait les variations sur un même thème. En témoignent *Faune et faunesse* (vers 1740-1750), ou encore *Les Polichinelles faisant la cuisine* (vers 1735), exécutés avec souplesse à la plume, encre brune et lavis brun. Le personnage de Polichinelle, ventripotent et bossu, affublé d'un masque au nez crochu et d'un haut chapeau tronconique, est emprunté à la tradition carnavalesque de Vérone et à sa fête du *venerdì gnoccolaro*, avec plats de gnocchi et vin à profusion. Tiepolo glisse de la satire sociale à la réflexion sur la condition humaine. Au beau milieu de ces rêves de fêtes et de bonheur rococo, Giambattista concevait des caricatures, sortes de caractères à la façon de La Bruyère – le gentilhomme, le religieux… Il exécute des croquis de vieillards habillés à l'orientale, des têtes gravées, certaines inspirées de Rembrandt, dont il avait sans doute découvert les estampes.

Les Beaux-Arts possèdent également des œuvres de ses fils Giandomenico (1727-1804) et Lorenzo (1736-1776). Singulier Giandomenico Tiepolo, qui observe la vie quotidienne à Venise, et ses rites mondains. *La Malvasia*, un dessin tardif, décrit une auberge de bas étage, une *furatola,* en dialecte vénitien. Le peuple y vient boire du vin de Chypre ou d'Épire, manger, fumer et discuter. Au fond, un aristocrate qui vient s'y encanailler.

Giandomenico a des manies, par exemple dessiner et redessiner les mêmes motifs jusqu'à plus soif. En creuser la substantifique moelle en les gravant avec une insolite finesse de traits. *Idee pittoresche sopra la fugga in Egitto di Gesù, Maria e Giuseppe*, exécuté vers 1750-1753, est un ensemble de 27 planches représentant les péripéties de la Sainte Famille pendant son exil en Égypte. Cette série de gravures est, selon Hélène Gasnault, « très importante ». En 1750, l'aîné avait suivi son frère et son père à Würzburg, en Bavière. Karl Philipp von Greiffenclau zu Vollrads, prince-évêque, avait commandé aux Tiepolo une fresque de près de 600 mètres carrés, légèreté des bleus et des roses, mouvements déliés, Apollon au centre. « Les talents de Giandomenico sont déjà confirmés, et il s'intéresse beaucoup à l'eau-forte. On dit de lui qu'il est peu inventif. Il en est vexé, et conçoit en riposte *La Fuite en Égypte*. C'est une sorte de reportage qui commence *in situ*, à l'instant où Joseph dit à Marie "il faut partir". Le trait est virtuose. » Voyageur, souple.

« Les Tiepolo, invention et virtuosité à Venise » présente 44 dessins. Des Tiepolo, mais aussi, en regard, des estampes de Canaletto, des études de tête de Piazzetta, qui a travaillé dans l'atelier familial. Et une gravure de Rembrandt, *Vieillard à grande barbe* (1630, eau-forte), afin de « comprendre comment le génie regarde un autre génie et de voir ce qu'il en fait », dit la commissaire.

1. « Les Tiepolo, invention et virtuosité à Venise », exposition aux Beaux-Arts de Paris jusqu'au 30 juin 2024.

NOTES DE LECTURE

LITTÉRATURE

Gérard de Nerval. Correspondance générale, édition établie, annotée et préfacée par Michel Brix, Éditions du Sandre, 728 p., 45 €

Si elle n'est pas tout à fait inconnue, la correspondance de Gérard de Nerval n'en demeure pas moins un continent peu exploré. Dans les différentes éditions de la « Bibliothèque de la Pléiade », celle de Jean Richer-Albert Béguin puis celle de Jean Guillaume-Claude Pichois, figuraient déjà des sélections épistolaires. Rien toutefois qui puisse s'apparenter au titanesque travail effectué par Michel Brix dans cette somme qui regroupe non seulement toutes les lettres connues de Gérard de Nerval, mais également celles reçues par lui. Le résultat : un fort volume de près de huit cents pages où les amateurs de romantisme littéraire combleront leur appétit ; car les missives et autres billets inédits abondent. Un écrivain en proie aux difficultés se débat avec les éditeurs, les directeurs de journaux, de théâtres : les questions d'argent reviennent souvent. Le quotidien d'un homme de lettres au cœur de son siècle est loin d'être une partie de plaisir. Dans le cas de Nerval, il lutte en outre avec la maladie. Les lettres à son père, Étienne Labrunie, ou au docteur Blanche présentent des accents particulièrement émouvants. Parmi les correspondants célèbres de l'auteur des *Chimères* : Gautier (le « cher Théo »), Dumas, qui reçoit les sonnets « El Desdichado » et « Artémis » dans une lettre de début 1853, mais aussi Franz Liszt. Outre la collecte de l'intégralité des documents, Michel Brix retrace le parcours de chaque lettre et confronte, lorsque cela est possible, la version antérieurement publiée au manuscrit si celui-ci existe encore. Il arrive parfois que l'original n'ait pas été retrouvé. Ainsi, rédigé à la veille de sa mort, cet ultime message déchirant à Jeanne Lamaure : « Ma bonne et chère tante, dis à ton fils qu'il ne sait pas que tu es la meilleure des mères et des tantes. Quand j'aurai triomphé de tout, tu auras ta place dans mon Olympe comme j'ai ma place dans ta maison. Ne m'attends pas ce soir, car la nuit sera noire et blanche. » Publié par Arsène Houssaye, témoin « peu fiable », ce mot a connu une grande fortune. C'est aussi un des intérêts de ce monument nervalien de comprendre comment se bâtit une légende littéraire. **Charles Ficat**

Les Eaux du Danube, de Jean Mattern, Sabine Wespieser, 112 p., 17 €

Clément, le narrateur des *Eaux du Danube*, est un « homme sans passions » ; il préfère à toute forme d'excès ses habitudes. Ce pharmacien lyonnais, établi à Sète avec sa femme et leur fils au début des années soixante-dix, a toujours pris les choses pour acquises, traversant la vie sans s'imposer, se contentant de ce qui lui semblait raisonnable. Anesthésié par la routine, il est devenu presque anonyme à force de s'effacer : « Je n'appartiens à aucun lieu. Comment pourrais-je affirmer que je suis plus moi-même ici qu'ailleurs ? » Il ferme les yeux sur tout ce qui menace de remettre sa vie en question, à commencer par les enjeux de son mariage conventionnel avec Madeleine, son épouse. Comme chaque année, alors qu'elle est en vacances en Suisse avec leur fils Matias, Clément poursuit son travail dans son officine avant de les rejoindre, ce qui fait de lui un « veuf de paille », comme on dit en allemand. Mais deux rencontres projettent un nouvel éclairage sur son existence. Georges Almassy, le professeur de philosophie de son fils, lui révèle que celui-ci « craint de *[lui]* faire certains aveux » ; et Helen MacNeil, une touriste écossaise qui s'installe à Sète, lui confie que l'amour de sa vie s'est noyé à Barra, une île des Hébrides. Le dialogue qui s'engage avec ces nouveaux venus fait écho à la généalogie de Clément. Il songe à ses parents, à sa mère hongroise surtout, qui a toujours été une étrangère à ses yeux. Jean Mattern a une prédilection pour les récits articulés autour d'un épisode charnière du passé, un point de basculement si décisif qu'il façonne le psychisme de ses personnages ; leur nostalgie s'y ancre de manière obsessionnelle. À première vue indémêlable, l'écheveau se défait autour de Clément quand il découvre que le patronyme hongrois d'Almassy était aussi celui d'un amant de sa mère, et que la mort tragique de ce dernier, trahi alors qu'il tentait de passer à l'Ouest, entre en résonance avec l'histoire d'amour de l'Écossaise.

On serait tenté de dire des *Eaux du Danube* ce que Boris Vian disait de *L'Automne à Pékin*, où il n'est question ni d'automne ni de Pékin, mais Jean Mattern suggère une métaphore en creux, comme si le narrateur sondait un « fleuve amniotique » pour comprendre ses origines, sans savoir s'il veut voir sa quête aboutir ou se résigner à « cette part de mystère qui appartient à chacun ». Pour entremêlés qu'ils soient, les fils de cette trame épurée et envoûtante sont si délicats qu'ils maintiennent la sensibilité en éveil en l'effleurant. **Lucien d'Azay**

Les Indulgences, de Pascale Kramer, Flammarion, 246 p., 20 €

On ne peut aborder le nouveau roman de Pascale Kramer sans penser à ce qui a changé avec le mouvement #MeToo. Ce serait pourtant considérablement réduire le propos que de l'envisager exclusivement sous cet angle. L'intrigue pourrait, de fait, se résumer ainsi : une jeune fille de 13 ans succombe au charme de son oncle quadragénaire. Nous sommes en 1977 à Lausanne, dans une famille de la grande bourgeoisie que l'on va suivre pendant plusieurs décennies. Vincent, le fils préféré de Nancy, n'a jamais fait mystère de sa passion pour les femmes. Commissaire-priseur, ce séducteur invétéré collectionne les objets aussi bien que les conquêtes. Lorsqu'il s'amuse à taquiner sa nièce Clémence, il est bien loin d'imaginer les sentiments qu'il va éveiller chez elle. C'est là « le début de son obsession pour Vincent ». Qu'on ne s'y méprenne pas pour autant, le premier geste ambigu viendra de Clémence et non de son oncle, lequel se révélera juste incapable de lui opposer un refus. Mais comment résister à la fougue de cette jeune fille qui malgré son inexpérience n'a rien d'une oie blanche ? C'est bien là la force du propos de la romancière, qui ne fait jamais de son personnage féminin une victime. Bien au contraire. « Il aurait sans doute fallu dire qu'elle regrettait cette histoire, mais c'était si peu le cas. La vérité, la vérité la plus scandaleuse *[...]* c'est que ça l'avait plutôt affirmée, renforcée, et qu'elle n'avait cherché longtemps qu'à revivre quelque chose d'aussi fort, interdit, et d'une certaine manière valorisant. » Des années plus tard, et ce malgré la réprobation de sa famille désormais au fait de cette idylle, le point de vue de la jeune femme restera inchangé. C'est là toute la subtilité de ce roman. Pascale Kramer ne juge pas. Ne condamne pas. Ni Vincent, ni Clémence, ni les autres. Elle met en lumière des situations et des personnages dont elle explore avec une rare finesse les ambiguïtés. Véritable entomologiste de l'âme, la romancière ausculte les répercussions de cette passion interdite sur trois générations. Chacune d'elles étant racontée avec ses espoirs, ses doutes et ses contradictions. Du grand art. **Alexandra Lemasson**

Vues d'intérieur après destruction,
d'Arielle Meyer MacLeod, Arléa, 108 p., 17 €

Comment combler l'absence de nos chers défunts ? Comment établir avec eux un lien qui ne soit pas une hantise et les faire rayonner dans le vide qu'ils ont laissé derrière eux sans qu'ils se transforment en fantômes ?

Endeuillée par la mort récente de son ami Gabriel, la narratrice de ce beau récit autobiographique décide de se rendre à Beyrouth – « Paris levantine au cœur de la Suisse du Moyen-Orient » – pour visiter la maison d'enfance dont il lui parlait comme d'une terre promise : en l'évoquant, il exerçait sur elle « un magnétisme que sa mort n'avait pas enrayé, parce qu'il s'inscrivait en un point précis, localisable sur une carte ». Déconcertée par la nostalgie qu'elle éprouve pour cette « maison-ancre », « maison-matrice », où elle n'a jamais vécu, elle l'est davantage encore quand elle découvre « un abîme aberrant, absurde, incohérent », une « carcasse monochrome et silencieuse » où semblent encore flotter les souvenirs de Gabriel. Des pillards en ont arraché les étages, la guerre y ayant laissé partout des balafres. Devant ces fragments d'une histoire oblitérée – « pièces d'un puzzle dont *[elle]* ne conn*[aît]* pas l'image à reconstruire » –, l'intensité du conflit est encore palpable.

Loin de l'avoir apaisée, ce voyage au Liban, pays séparé par une frontière « étanche et infranchissable » d'Israël où Arielle a passé sa première jeunesse, réveille des traumatismes – certains, pareils à des atavismes, étant inscrits jusque dans son prénom (à une voyelle près, c'est celui du garçon que ses parents ont perdu avant sa naissance). Elle songe à son père, disparu prématurément trente-six ans auparavant, et rouvre une boîte qui contient, entre autres reliques, une lettre qu'il avait adressée à ses enfants des années avant sa mort, mais qu'elle n'avait jamais voulu lire : « *[Cette lettre]*

m'obsède et vient heurter, comme en écho, les ruines de Gabriel. »
Sensuelle, élégante, tendrement mélancolique et ponctuée de photographies *ad hoc* (« l'indécente beauté des images ») comme le livre de W. G. Sebald cité en épigraphe, cette méditation à vif sur les vestiges, les traces et tout ce qui en émane – le pouvoir évocateur du vide où rêves et souvenirs se mêlent à ceux des âmes errantes – résonne longtemps après qu'on l'a lue, comme le bourdon d'une église, ou un haïku de Bashō, si bref qu'on ne peut réfléchir pleinement à sa signification que dans le silence de son sillage. **Lucien d'Azay**

Prochain arrêt, d'Alex Schulman, traduit par Anne Karila, Albin Michel, 292 p., 20,90 €

« Je t'aime papa », dit une petite fille à son père au milieu du récit, le regard tourné vers celui qu'elle adore et dont elle craint qu'il veuille l'abandonner, sous prétexte que cela ne collerait pas entre eux (sic). La réponse paternelle lui parviendra des années plus tard – l'enfant sera adulte – sur un bout de papier froissé, enterré à Malma près d'un lac, aux côtés des cendres d'un petit lapin autrefois chéri : « Moi aussi plus que tout. » S'il fallait résumer le deuxième roman traduit en France du suédois Alex Schulman, il faudrait dire d'abord qu'il s'agit d'une histoire de silences et de solitudes ; ou encore, de gens qui s'aiment et ne parviennent pas à (se) le dire – sinon quand il est trop tard, soit parce que l'amour a disparu, soit parce que la mort est survenue. Et préciser, ensuite, que ces solitudes se côtoient et se succèdent dans un train et vers une même destination, mais se situent à trois époques différentes : 1970, 2001, 2021. Le talent (et le suspens) de *Prochain arrêt* consiste à alterner trois voyages successifs et cinq passagers, dont on découvre rapidement qu'ils sont liés et sont en fait quatre plutôt que cinq. Dans un premier temps, Harriet voyage avec son père, une urne sur les genoux, à l'affût des bruits ambiants et de la silhouette du contrôleur, elle n'a pas 10 ans. Dans un deuxième, Oskar observe sa femme fumer, les yeux vers la fenêtre où défilent ses souvenirs. Sa femme s'appelle Harriet et ne lui a pas révélé le but de ce voyage, seulement sa nécessité. Enfin, au temps présent, Yana décide de monter dans ce train dont elle sait que son grand-père et sa mère d'abord, puis ses parents, l'ont un jour pris ; la jeune femme a emporté avec elle l'album de photos qui l'aidera à trouver ce qu'elle cherche. *You are not alone*, se souvient-elle avoir entendu murmurer sa mère pendant des années, comme un mantra. *You Are Not Alone*. Comme Yana. Un livre et un train comme un rébus, à la destination mystérieuse, dont la signification n'est révélée qu'à la fin du voyage.
Isabelle Lortholary

POÉSIE

Et des dizaines d'étés dorés, de Jérôme Leroy, La Table Ronde, 180 p., 17 €

Répondant à la violence d'un siècle bête et borgne, la poésie de Jérôme Leroy a souvent été âpre, cruelle, désespérée.

Les pièces sonnantes qu'il a rassemblées dans ce volume ont été composées loin des intérêts du temps, dans des chambres d'hôtel de sous-préfectures, des stations balnéaires désertes ou à bord d'un wagon de chemin de fer, comme les *Poésies* de A. O. Barnabooth. Elles sont tissées d'enfance, de souvenirs qui passent et de joies ordinaires réchauffées au creux des mains, comme les paroles gelées de Rabelais. Les « jeunes femmes / encore endormies » qui peuplent les songes du poète ressemblent aux sœurs du jeune Paco Márquez dans un fameux roman de Valery Larbaud. Même quand « politique » rime avec « anxiolytique », on oublie Michel Houellebecq et ses monomanies d'ingénieur pour renouer avec le chant le plus pur des nouvelles bucoliques de Francis Jammes, l'aérien décor des *Poèmes bleus* de Georges Perros et ses « jeunes filles qui vont bras dessus bras dessous / Dans la rue principale ». Jérôme Leroy est en « cavale », comme disait Jean-Claude Pirotte, autre poète tutélaire de ce recueil. Mais rien ne le conduit jusqu'en enfer – une destination fréquente des personnages de ses romans noirs de haute intensité –, même si Arthur Rimbaud est très présent. « Ce fut l'époque où de grands nuages dorés / s'étiraient des après-midi entières / sur le ciel bleu des provinces vides. » Oubliant ce qui est en arrière, et lancé vers l'avant, Jérôme Leroy a rayé de ses cartes les autoroutes à péages qui ne mènent nulle part et les Europes où l'on n'arrive jamais. Géographe d'un monde glissé sous ce monde, il court vers des pensers nouveaux, riche de vers antiques – « trop de saisons et pas assez de châteaux » –, pressé de voir « d'autres après-midi / avec d'autres collines / et d'autres nuages ». Le poète a assis la tristesse sur ses genoux, l'a trouvée amère et l'a injuriée. Dès lors, sa mélancolie est tournée vers le « oui », aimantée par le dernier programme révolutionnaire : vivre à l'écart dans les vraies maisons de jadis. **Sébastien Lapaque**

L'Énigme des ruines, Stève Wilifrid Mounguengui, éditions La Kainfristanaise, 70 p, 16 €

« En arpentant les chemins dans ce pays d'Ariège, je me suis assis pour écouter les pierres. » C'est ainsi que sont nés pour Stève Wilifrid Mounguengui les poèmes. Ces murs de pierres sèches, ces « abris de terre », humble témoignage de paysans, pâtres, fermiers qui ont traversé le temps, façonnant l'espace, possèdent une histoire pour celui qui prend le temps de les écouter. « Les ruines chuchotent un pays, une histoire, une vie. » Elles sont « le récit morcelé de ceux qui quittent tout et partent un jour à la recherche de la lumière. Les exilés ». Ce que ces poèmes restituent avec tant de transparence, de profondeur, c'est une part de lui-même refoulée, mise à distance car trop douloureuse, « l'écho de ce pays perdu que je porte en moi », « le songe d'une blessure confiée au ciel ». Avec lucidité, il rappelle la nécessité de « défaire les murs pour bâtir un horizon à soi ». Il ne s'agit pas d'occulter le passé, mais de s'ouvrir au monde, sans oublier d'en contempler la beauté, « La terre tourne autour du vide / La beauté c'est le nom secret du monde ». Nulle complaisance, en effet, dans le registre de la plainte. Ces poèmes trouvent leur force dans la ferveur qui les anime, dans l'enthousiasme (si rare parmi les poètes contemporains) qui transparaît, dans cette volonté de recueillir la beauté, de la transmettre tant par les images que par la recherche de la musique des mots. Oui, un chant pour célébrer l'amour, car pour le poète « vivre c'est oser l'amour en cette vie », c'est construire un avenir fondé sur ce miracle de la rencontre et de la confiance, « Dans tes regards j'ai bâti mon horizon *[...]* Je te murmure / l'ailleurs est un pays neuf / Nous bâtirons des châteaux de cartes que les vents emporteront / le battement de l'instant sur tes lèvres l'éternité ». Désormais, l'écriture, « ce fil d'or à travers les hêtres », permet de repousser l'ombre, et si le poète retient que « la brume ne se détachera pas de la montagne », il nous rappelle que « le genêt est une lumière posée dans le cœur des brumes ». Savoir la recueillir et ne pas l'oublier. Voici un recueil de poèmes qui résonne en nous comme une leçon d'espérance. **Sabine Péglion**

Premières à éclairer la nuit, de Cécile A. Holdban, Arléa, 240 p., 21 €

Dès la préface, Cécile A. Holdban avoue que son projet initial était d'embrasser toute la poésie écrite par des femmes à travers les âges; mais que la complexité de la tâche (de vastes pans de la poésie féminine ne sont pas renseignés) l'a orientée vers un livre moins académique et plus personnel. Tant mieux pour nous. En choisissant les poétesses qui lui sont proches, qu'elle a lues et relues, l'auteure – elle-même poète et traductrice – a imaginé pour chacune d'entre elles une lettre écrite à la première personne et adressée à un être aimé. Elles : Edith Södergran, Gertrud Kolmar, Ingrid Jonker, Marina Tsvetaïeva, Ingeborg Bachmann, Forough Farrokhzad, Nelly Sachs, Alejandra Pizarnik, Janet Frame, Karin Boye, Anna Akhmatova, Sylvia Plath, Gabriela Mistral, Antonia Pozzi, Anne Sexton. Ces quinze poétesses ont traversé l'histoire du XXe : le totalitarisme, le racisme, la guerre, la fuite, le deuil, l'exil ou le déplacement des populations. Témoins des drames tels que la terreur stalinienne, la Shoah, l'apartheid ou le fondamentalisme religieux, elles ont été également épouse, amante, fille, mère et sœur. Et la moitié d'entre elles se sont suicidées, attentives à la beauté du monde autant qu'à sa souffrance. Ce qui lie avant tout ces quinze femmes, c'est leur besoin de transcender la vie par les mots, ou de ne pas accepter l'insupportable ; leur courage et leur soif de vérité, leur désir de liberté ; leur appétit d'aimer. « J'aimerais te dessiner les formes et les détails d'une ville qui n'appartient qu'à nous », écrit Sylvia Plath à Ted Hughes dans la lettre inventée par Cécile A. Holdban. « Quand je serai morte, mon nom planera-t-il un court instant au-dessus du monde ? », interroge Gertrud Kolmar en 1943, quelques jours avant d'être déportée à Auschwitz. En prêtant sa voix pour faire entendre la leur, Cécile A. Holdban fait (re)vivre ses héroïnes. Comme une mélopée d'outre-tombe. **Isabelle Lortholary**

ESSAIS ET DOCUMENTS

Allez-y voir ! Écrits sur la peinture, de Raymond Queneau, édition établie, présentée et annotée par Stéphane Massonet, Gallimard, 208 p., 21 €

Le poète Raymond Queneau s'est intéressé à bien des domaines, dont la botanique, la cosmographie ou encore la psychanalyse. Moins connu, un pan de son œuvre tient à la passion qui fut la sienne pour la peinture, art sur lequel il écrivit pourtant de 1928 jusqu'à 1975, un an avant sa mort. En parallèle à ses écrits, le facétieux Queneau n'aura eu de cesse de consigner ses impressions et affections à ce sujet. Comme il le disait de son ton badin : « J'ai connu des peintres et des ventes publiques, des marchands de tableaux et des musées, et je me suis fait ma petite opinion. » Cette petite opinion, le lecteur a désormais la chance de pouvoir y accéder grâce à la récente publication du recueil *Allez-y voir !* Éloigné de toute prose empesée, Queneau y explique que le peintre véritable est un aède qui ne connaît pas le morcellement du monde (temps, espace, modes, apparences), un guide suprême qui, voyant au-delà, restitue les objets, les êtres et les paysages, dans la vérité même de leur nature. C'est l'émergence de l'ousia, l'essence de l'objet dépeint, qui doit être au centre du travail pictural de l'artiste, et non la vaine recherche d'une fidèle représentation. Pour étayer ce présupposé, Queneau s'attarde sur des artistes s'étant attelés à cette quête et tout particulièrement sur le travail du peintre Mario Prassinos. Lorsqu'il peint une ville surplombée par une église, Prassinos fait fi des perspectives puisque la raison d'être de l'église est de veiller sur tous les foyers et qu'elle a accès de manière égale au cœur des hommes. Lorsqu'il peint les branches d'arbres dénudées par les griffes de l'hiver, les auréoles des tons verts de leurs germinations passées et futures. Le peintre voit au-delà du maintenant.

Miró, Picasso, Vlaminck, sont eux aussi évoqués, mais ils ne comptent pas parmi les passages les plus intéressants d'*Allez-y voir !*, l'auteur ayant plus pour ambition de révéler l'œuvre et la vision de peintres tels que Baj, Pegeen Hélion, André Marchand, Georges Hugnet ou encore Élie Lascaux. Ce que Queneau semble avoir à cœur de démontrer, c'est qu'une œuvre terminée n'est pas figée et ne doit pas être envisagée comme telle par le spectateur. Eau vive, elle charrie hors du cadre de son époque une vision qui doit ensemencer d'autres créations. C'est cette passation – d'inspiré à inspiré – qui crée l'histoire de l'art et ses courants, et non la stèle de quelques critiques bien tournées.

Céline Laurens

Saint-Exupéry. Un Petit Prince en exil, de Jean-Claude Perrier, Plon, 196 p., 19 €

Quatre-vingts ans après sa mort, des textes inachevés et des correspondances d'Antoine de Saint-Exupéry continuent de ressurgir, comme les petites pièces d'un puzzle nous permettant de mieux connaître cet homme énigmatique. Le journaliste Jean-Claude Perrier travaille depuis longtemps sur l'aviateur-poète, dont les œuvres ont conservé une éclatante modernité. Dans cette enquête très riche d'informations, il revient sur les dernières années de Saint-Exupéry. Celles de l'exil américain, de décembre 1940 à avril 1943, avant qu'il retourne combattre en Europe et y trouve la mort. Dévasté par la défaite, l'écrivain rejoint cette intelligentsia culturelle réfugiée à New York. André Breton, Saint-John Perse, Pierre Lazareff… C'est en un véritable « Paris-sur-Hudson » que se transforme alors Manhattan. Saint-Exupéry profite de sa liberté. Il enchaîne les aventures avec des femmes extraordinaires, comme Natalie Paley, princesse Romanov devenue actrice hollywoodienne. Surtout, il écrit. « Graphomane tourmenté », il multiplie les récits, les scénarios, et rédige son magnum opus, un conte philosophique lu dans le monde entier, *Le Petit Prince*. Mais l'enquête raconte aussi que ces années de profusion littéraire sont celles d'un déchirement lié au traumatisme de la guerre perdue et de l'Occupation. Pour celui dont les actes sont plus importants que les mots, la culpabilité de ne pas être autorisé à se battre pour sa patrie entraîne déprime, fatigue, voire paranoïa. Sans compter son implication dans les querelles politiques. Comme le petit prince, qui découvre de planète en planète les défauts des hommes, Saint-Exupéry s'indigne des hypocrisies, du cynisme des vichystes qui cherchent à le rallier à leur cause, de l'orgueil des gaullistes, pavés d'admiration devant cet homme providentiel. Lui préfère parler d'union nationale et de concorde. Lâcheté diront les uns, souci de la réconciliation diront les autres. Peu importe. Sa constance morale et sa sensibilité ont fait de lui un humaniste parmi les humanistes. **Aurélien Tillier**

Alphonse Dupront : de la Roumanie. Textes, suivis d'une correspondance avec Emil Cioran et Eugène Ionesco, édition critique et introduction par Stefan Lemny, Presses de l'Inalco, 342 p., 22 €

« Que devenez-vous ? Où en sont les expériences "culturelles" de votre séjour dijonnais ? », demandait Alphonse Dupront à Cioran en 1941. Inédits ou éparpillés dans des publications oubliées, les textes réunis pour la première fois dans ce volume parlent de la passion pour la Roumanie de l'historien Alphonse Dupront (1905-1990). Directeur de l'Institut français de Bucarest entre 1932 et 1940, son regard pénétrant sur l'histoire et les réalités roumaines couvre une période faste mais trouble de l'Europe. Le rayonnement de la culture française devait s'opposer, particulièrement en Roumanie, à la politique de propagande promue par les régimes dictatoriaux qui montaient en puissance. Alphonse Dupront le souligne à la cérémonie de la dotation de livres par la France à l'université de Iaşi, en 1938 : « La propagande prétend au plus sournois des impérialismes, l'asservissement des esprits. Notre amitié est d'autre sorte : elle unit sans amoindrir. » Invités français de prestige se rendent en Roumanie, tels Jules Romains, Henri Focillon, Paul Hazard,

Jacques Copeau. L'action est réciproque et Alphonse Dupront se fait une joie d'attribuer des bourses d'études à de jeunes intellectuels roumains. Un certain Cioran reconnaîtra, sa vie durant, que son destin s'est décidé en 1937, lorsque Dupront lui avait accordé une bourse de trois ans : « Si je fais le bilan de mon séjour en France, je me trouve un peu purifié de tant d'hérédités balkaniques. Et je dois certainement ce résultat à une grande leçon de style – tant sur le plan littéraire que sur celui de la vie – que la France m'a enseignée », écrit-il en 1945.

En établissant par ce volume une biographie intellectuelle d'Alphonse Dupront circonscrite à sa passion roumaine, Stefan Lemny, spécialiste de l'histoire culturelle, rappelle le caractère légitime d'une formule historique parfois galvaudée : l'amitié franco-roumaine recouvre pleinement son sens. **Cristina Hermeziu**

Submersion, de Bruno Patino, Grasset, 135 p., 16 €

Le constat est sans appel. Apocalyptique, biblique, lucide, amusant, ironique, jamais apitoyé, sans autoflagellation. Nous sommes dans le Déluge, le flot, le (haut) débit des informations de masse, avec lesquelles nous nous connectons chaque jour par une compulsion toxique, consultant notre téléphone portable sans relâche, même la nuit, cette nuit que nous avons perdue. Ces vagues de submersion, plus redoutables que les tsunamis, indiquent un dérèglement ontologique : nous touchons notre téléphone mobile plus de 600 fois par jour. D'où notre pathologie, cette grande fatigue qui nous submerge en fin de journée, nous assomme dès le lever où nous savons qu'il nous faudra affronter, encore et toujours, des milliers d'informations, faire des milliers de choix face à Internet, et le soir, face à Netflix : « Ce calme océan de milliers de programmes cache une tempête sous les crânes. Que choisir ? » Et encore, nous n'en sommes qu'au début : l'émergence de l'IA ou de ChatGPT sème déjà « l'effroi de l'apocalypse » en sapant notre indépendance intellectuelle pour la faire basculer vers un univers prévu par la science-fiction, celle de *2001, l'Odyssée de l'espace* ou des romans d'Asimov. Notre avenir est écrit : « Trop de messages, trop d'images, trop de signes provoquent la folie, le retrait ou la fuite. »

Président d'Arte, Bruno Patino propose quelques issues hors de ce cauchemar. Pour mieux comprendre, un retour vers l'imaginaire enfantin, avec la série *Les Envahisseurs*. Retrouver « la possibilité de la rencontre, la poésie de l'inattendu, la grâce du hasard », la confiance en soi-même à l'heure de faire des choix. « Réduire l'amplitude de ce qui est proposé. » Compartimenter mieux les séquences de temps dans la journée, « ouvrir des espaces de liberté permettant d'échapper au *nudge* » qui vous pousse à faire ce dont vous n'avez ni besoin ni envie, sauf par besoin induit. Construire le discernement. Reconstruire une nuit déconnectée, ou alors seulement connectée avec les réseaux du rêve ? **Jean-Pierre Naugrette**

Notre silence nous a laissées seules,
de Judith Chemla, Robert Laffont,
368 p., 21 €

Judith Chemla a à peine 40 ans, mais cela fait longtemps qu'elle magnétise le public, avec sa voix de soprano touchée par la grâce, et son immense palette d'actrice. En tant que critique, je la suis de près, peut-être d'autant plus que nous avons le même prénom et presque le même âge. Et il m'est arrivé de la trouver en deçà d'elle-même. Notamment quand je l'ai vue il y a quelques années dans une reprise de *Traviata*, l'un de ses grands succès – une adaptation du célèbre opéra, sous-titrée « Vous méritez un avenir meilleur ». La voix était sublime mais la femme était comme éteinte, au-delà de ce qu'impliquait son rôle tragique.

J'avais imaginé qu'elle avait accouché récemment et qu'elle était fatiguée. J'avais raison pour l'accouchement, mais en lisant *Notre silence nous a laissées seules*, j'ai mieux compris ce qu'elle traversait à l'époque. Dans ce livre, la jeune femme raconte en effet comment, malgré sa lumière et son talent, elle est tombée. Tombée amoureuse ; tombée enceinte. Sous sa plume, on entend mieux que jamais la connotation paradoxalement terrible que peuvent avoir ces expressions. Tombée à la merci d'un homme, puis d'un autre, chacun talentueux et pervers, chacun violent et dangereux, chacun père d'un de ses enfants.

Je ne cours pas après les récits de victimes, et j'ai tendance à penser qu'on est maître de son destin sans distinction de genre. Judith Chemla aussi, elle qui dit au début de son livre n'avoir jamais eu peur des hommes dans la rue – « me projeter dans le rôle de la victime ne m'intéressait pas » –, et qui va jusqu'à refuser le rôle de Mélisande au théâtre parce que « ce personnage de victime (la) gonfle » – alors qu'elle sort tout juste d'une première histoire catastrophique.

Là est justement la puissance de son texte – outre qu'il est écrit d'une plume merveilleusement juste et précise : il n'a rien d'une plainte. Il décrit le parcours d'une femme forte qui tombe non pas par faiblesse ou masochisme, mais simplement parce qu'elle est vivante, amoureuse et confiante. Et sans doute aussi parce qu'elle porte un héritage qui la dépasse : sa grand-mère était une femme battue. Son récit retrace les étapes, décortique les processus de dénis, constate l'acharnement à aimer, et la puissance parfois dangereuse de la joie qui balaie tout sur son passage. Il montre aussi – détail extrêmement salutaire par les temps qui courent – que se défendre contre certains hommes n'implique pas d'en vouloir à tous les hommes. Sans militantisme réducteur et sans haine, ce beau livre donne de la force à qui le lit, comme un cadeau offert à tous. **Judith Sibony**

LES REVUES EN REVUE

Chaque mois les coups de cœur de la rédaction

Aventures
« Écrivez-vous des scènes de sexe ? »
Nº 1, printemps 2024, 224 p., 20 €

Dans le sillage de *L'infini*, la nouvelle revue *Aventures* publiée par les Éditions Gallimard et dirigée par Yannick Haenel a pour ambition de « remettre en liberté le langage ». N'en déplaise à Elon Musk, nommément cité comme « un des agents les plus toxiques » de la société. Il y a urgence car c'est dans « les phrases que circule le feu de l'indemne ». 65 écrivains ont répondu à la question « Écrivez-vous des scènes de sexe ? », thème de ce numéro inaugural qui explore la relation textuelle des écrivains au sexe, bornée dorénavant par #MeToo et par l'impératif de ne pas faire, de ne pas écrire autre chose que ce que l'on est. Sylvain Prudhomme a le mieux résumé cette tension, au rayon des auteurs qui ne font pas d'ébats sur la page. Dans la partie de cette livraison réservée à la création, le poème existentiel et total de Laura Vazquez « Soleil de fou malade » nous fait vivre habilement son aventure intérieure, le début de chaque vers est un adverbe ou une conjonction de coordination écrit en lettres capitales. Voilà une livraison majuscule sur nos vies minuscules, qui nous élève. **Olivier Cariguel**

La Revue du musée de l'Armée
« Le portrait de la comtesse de Lasalle »
Nº 1, automne 2023, 22 €

« La première et capitale affaire est d'avoir le courage de commencer. » Clemenceau a inspiré les équipes du musée de l'Armée, qui lance une revue annuelle. L'ambition de cette publication tout en couleurs sur papier glacé est de mettre en valeur les acquisitions, les restaurations et les découvertes scientifiques de l'établissement. Acquis en 2021 grâce à une vaste souscription, le portrait de Joséphine d'Aiguillon, comtesse de Lasalle, et de sa fille, réalisé par Antoine-Jean Gros (1771-1835), fait la couverture de ce numéro inaugural. Premier grand portrait féminin présenté dans les collections permanentes, ce tableau, où se côtoient la mélancolie d'une veuve et la tendresse d'une enfant, traduit la volonté du musée de replacer les femmes dans l'histoire militaire. Chef-d'œuvre de la peinture du Premier Empire, il a rejoint celui fait quelques années plus tôt par le même artiste du général Lasalle recevant la reddition de Stettin. Le couple est donc désormais réuni sous les cimaises des Invalides. Au sommaire également, la présentation d'un des quatre nouveaux parcours permanents, dont les ouvertures s'échelonnent entre 2022 et 2030 : « Colonisation, décolonisation : une histoire en partage. » **Claudine Wéry**

Revue François Mauriac
N° 1, printemps 2024, Honoré Champion, 266 p., 29 €

Une nouvelle revue consacrée à l'un des écrivains majeurs du XXe siècle, voilà qui mérite d'être souligné. On connaissait les *Cahiers François Mauriac* (1974-1991), puis les *Nouveaux Cahiers François Mauriac* (1993-2018). Désormais, il faudra parler de la *Revue François Mauriac,* qui sera publiée chez Honoré Champion à un rythme annuel sous la direction de Caroline Casseville et Jean-Claude Ragot. Accompagnée d'inédits et d'études, elle mettra en valeur toute l'actualité mauriacienne. Ce premier numéro tient toutes ses promesses, avec des articles de spécialistes : Jeanyves Guérin (« Ni vengeance, ni oubli, les écrits de Mauriac sur l'épuration »), Flavien Falantin (« Aux origines du monstre : Mauriac lecteur de Sagan »), Jean Touzot (« Une amitié contrariée : Mauriac-Cocteau »), Élisabeth Le Corre (« Mauriac et le théâtre. Bilan et perspectives critiques »), etc. L'initiative est d'autant plus bienvenue que l'œuvre de Mauriac dans son ensemble tend à s'éloigner de notre époque, alors qu'elle a encore beaucoup à nous apporter par sa force et sa diversité sur les plans romanesque, politique, historique et spirituel. La richesse de cette livraison inaugurale l'illustre avec évidence : grâce à elle, la planète Mauriac continue à briller dans la galaxie littéraire. **Charles Ficat**

Histoires littéraires
« Dossier Raymond Schwab »
Vol. XXIV, n° 96, octobre-novembre-décembre 2023, 190 p., 25 €

De Raymond Schwab (1884-1956), nous ne connaissons plus que *La Renaissance orientale*, chef-d'œuvre d'érudition et de poésie, auquel *L'Orientalisme* d'Edward Saïd a emprunté sa documentation, dans le vain dessein de dénoncer la représentation idéologique de l'Orient qu'aurait construit l'Occident pour mieux asseoir sa domination. Schwab, partant de Novalis, de Victor Hugo, de Schopenhauer, montre au contraire à quel point le romantisme européen se sent redevable de cette redécouverte de l'Orient. Reste à faire connaître toute une œuvre, très riche, de poète, de traducteur, de critique, appréciée dans l'entre-deux-guerres par Gide, Valéry, Paulhan. En témoignent *Vision d'un âge d'acier* (Crès, 1920), une tentative d'épopée, *Nemrod*, publié par Schiffrin dans les Éditions de la Pléiade (1932), ainsi que ses articles dans *La NRF*, le *Mercure de France*, les *Cahiers du Sud*, ou dans sa propre revue, *Yggdrasill*. Il faut espérer que le dossier présenté par Guillaume Louet donne lieu à quelques rééditions, voire des éditions d'inédits.
Robert Kopp

REVUE
DES DEUX
MONDES
97, rue de Lille, 75007 Paris
Tél. 01 47 53 61 50
N° ISSN : 0750-9278
www.revuedesdeuxmondes.com

Société éditrice
La Revue des Deux Mondes est éditée par la Société de la Revue des Deux Mondes SNC au capital de 2 545 074 euros.

Principal actionnaire
Groupe Fimalac

Directeur de la publication
Thierry Moulonguet

Conseiller de la présidence
Franz-Olivier Giesbert

FABRIQUÉ EN FRANCE
IMPRIM'VERT Votre imprimeur agit pour l'environnement
PEFC 10-31-1601 Ce produit est issu de forêts gérées durablement et de sources contrôlées

Imprimé en France par Aubin Imprimeur avec des encres blanches certifiées BLUE ANGEL sur du papier issu de forêts gérées durablement et façonné avec des colles écocompatibles à base d'hévéa.
Commission paritaire : n° 0325D81194

Abonnements (9 numéros par an format papier + numérique)
France 1 an › 89 euros – 2 ans › 165 euros
Abonnement étudiant 1 an › 65 euros
Étranger 1 an › 129 euros

Service des abonnements
En ligne : www.revuedesdeuxmondes.fr/abonnement.
Par courrier :
Revue des Deux Mondes
20, rue Rouget-de-Lisle
92130 Issy-les-Moulineaux
Tél. 01 44 70 14 71
revuedesdeuxmondes@abonnescient.fr

Ventes au numéro
Disponible chez les principaux libraires (diffusion Humensis, renseignements **Andrés Morales** 01 54 42 84 82, andres.morales@humensis.com, distribution Union Distribution) et marchands de journaux. Renseignements vente au numéro **Gilles Marti** 01 40 54 12 19, gilles.marti@valmonde.fr.
Ce numéro comprend un bulletin d'abonnement broché entre les pages 160 et 161.

Crédits Couverture, © Jean-Pierre Couderc / Roger-Viollet ; illustration p. 7, © Urbs.